Der moderne japanische Garten

Der moderne japanische Garten

Von der Schönheit der Leere

Text von Michiko Rico Nosé   Fotografiert von Michael Freeman

Deutsche Verlags-Anstalt
Stuttgart München

Deutsch von Claudia Arlinghaus

Einführung **Shumyō Masuno**
Photos **Michael Freeman**
Text **Michiko Rico Nosé**

Die englische Originalausgabe erschien 2002 unter dem Titel »The Modern Japanese Garden« im Verlag Mitchell Beazley, London

2. Auflage 2006

ISBN 3-421-03404-4

Die Deutsche Bibliothek – CIP-Einheitsaufnahme
Ein Titelsatz für diese Publikation ist bei
Der Deutschen Bibliothek erhältlich.

Cheflektor **Mark Fletcher**
Grafik **Christie Cooper**
Lektorat **Michèle Byam**
Herstellung **Geoff Borin**
Fachlektorat **Richard Dawes**
Herstellungsleiter **Alex Wiltshire**
Assistenz **Phyllis Van Reenen**

Redaktion der deutschen Ausgabe
Sabine Ambros-Papadatos

Satz der deutschen Ausgabe **Edith Mocker**

Printed and bound in China by
Toppan Printing Company Limited

Inhalt

Einführung

Einführung

Shunmyō Masuno

Was ist ein moderner Garten? Ganz offensichtlich lässt sich nicht einfach sagen, dass es sich dabei um einen Garten handelt, der gerade entworfen wurde. Wir müssen ihn im Zusammenhang betrachten, und da wir uns hier mit japanischen Gärten beschäftigen, ist Kontext ein und alles. In der westlichen Kunst – und für uns sind Gärten eine Kunst, wie wir sehen werden – wird »modern« inzwischen mit Modernismus und in jüngster Zeit mit der Postmoderne gleichgesetzt. Der Modernismus brachte Innovation und eine Herausforderung der existierenden Ordnung und beinhaltete, besonders in der Architektur, die Ablehnung von Dekoration und Ornament. Die Postmoderne war wieder eine neue Herausforderung, vor allem für das funktionale Design. Seit einigen Jahren geht durch die gesamte Gartenwelt eine ähnliche Experimentierwelle. Alte Prinzipien werden in Frage gestellt, häufig sogar die Natur daraus verbannt. Auch hier in Japan wird experimentiert, doch einer der grundlegenden Unterschiede, so denke ich, liegt darin, dass wir uns noch immer auf die Traditionen unserer Gartenkunst besinnen.

Die bei weitem älteste Tradition ist der Garten als Abbild der Natur und diese Natur wird seit prähistorischen Zeiten als heilig angesehen. Das trifft sowohl im Shintoismus als auch im Buddhismus zu, obgleich sich die beiden Religionen in ihrer Sichtweise unterscheiden. Der Shintoismus entwickelte sich aus dem ursprünglichen Glauben an die *kami*, die heiligen Mächte, die an besonderen Orten in der Natur ihren Fuß auf unsere Welt setzen, häufig bei einem als *iwakura* bezeichneten Stein. Der Mensch grenzte diese Begegnungsstätte als heiligen Ort ab und der Garten nahm seinen Anfang. Bis zum heutigen Tag sind ein Stück Natur mit heiligen Pflanzen wie dem Japanischen Sperrstrauch *sakaki (Cleyera japonica)* und abgegrenzte Bezirke mit Kiesbeeten Teil jedes Shinto-Schreins.

Auch der Buddhismus schreibt dem Garten eine besondere Bedeutung zu, wie in der Nachbildung des Paradieses von Amida, dem Buddha des Westens. Als der Zen-Buddhismus im dreizehnten Jahrhundert von China nach Japan gelangte, brachte er ein besonderes Gartenkonzept mit sich, das dieses Volk zutiefst beeinflusste. Als Zen-Priester empfinde ich es als befremdlich und auch unbefriedigend, dass im Westen für viele Menschen Zen zu einer

Der mit Sanskrit-Buchstaben versehene heilige Felsen von Waroza-ishi in Kumano; in dieser Gegend Japans finden sich viele dem Shinto-Glauben heilige Naturdenkmäler. Die Silbe »za« in dem Namen zeigt an, dass der Fels als Sitz der Götter angesehen wird – ein Ort, wo sie die Erde berühren.

Der heilige Bereich, in dessen Mitte die schlichte Holzarchitektur des Shinto-Schreins liegt, ist nach alter Tradition mit weißen Steinen bedeckt, wie hier bei dem Subtempel Tsuchinomiya in Ise. Derart schlichtes, asketisches Design übt bis heute einen tief gehenden Einfluss auf japanische Gärten aus.

Shinto-Priester des Kaiserlichen Schreins in Ise legen einen *sakaki*-Zweig in den *karahitsu*-Kasten, der Nahrung für die Götter enthält. Der immergrüne Japanische Sperrstrauch (*Cleyera japonica*), welcher der verwandten Kamelie ähnelt, ist eine dem Shinto-Glauben heilige Pflanze.

Shunmyō Masuno entwarf für den Gion-ji-Tempel in Mito diesen Zen-Garten mit Namen Ryumontei, Drachentor. Der hoch aufragende aufrechte Stein zur Linken stellt den Priester Shinetsu dar, der die chinesische Parabel vom Karpfen erzählt. Zu seinen Zuhörern zählt auch der Vize-Shogun Mitomitsukuni; ihn symbolisiert der pyramidenförmige Fels vor der Mauer im Hintergrund.

Die zentralen Bestandteile des Trockenlandschaftsgartens sind Kiesel und weißer Sand, die ein Muster aus aufrecht versenkten Dachziegeln trennt. Eine Kamelienblüte bleibt liegen, wo sie herabfiel. In der japanischen Ästhetik sollen die überhängenden Zweige blühender Bäume einen natürlichen Beitrag zum Design leisten; Kamelien werden besonders geschätzt, da ihre Blüten ganz bleiben.

Kurzformel geworden ist, die nur im Zusammenhang mit Design gebraucht wird, als Synonym für Minimalismus. Zen ist weitaus mehr und hat zu der Entstehung unserer einzigartigen Kultur geführt. So vieles in der japanischen Kultur, bildenden Kunst und den darstellenden Künsten – Teezeremonie, schwarze *sumi*-Tuschebilder, *Nō*-Theater, Kalligraphie, Töpferkunst und Gärten – ist ohne Zen unvorstellbar. Das ästhetische Bewusstsein eines Japaners, der im Allgemeinen Schlichtheit und profunde Subtilität bewundert, ist beinahe eine Personifikation des Geistes von Zen, und man kann sagen, dass Zen allein schon durch unsere in ihm gründenden tradierten Werte das Leben der Menschen im modernen Japan bis ins tiefste Innere durchdringt.

Da das Wesen des Zen etwas Unsichtbares ist, wurde versucht, es durch die Formalität der Kunst zum Ausdruck zu bringen. Zen ist ohne Sorgfalt und Selbstläuterung undenkbar und so war das Anlegen des Zen-Gartens durch den Priester eine Form der Besinnung. Unsere Bezeichnung lautet *ishidateso*, was wörtlich »das Setzen von Steinen durch einen Mönch« bedeutet; die Steine zu verstehen heißt, in ihr Herz schauen zu können, oder *ishigokoro*. An dieser Stelle muss ich die Bedeutung von Stein im japanischen Garten erklären, denn er spielt hier eine Rolle, die im Westen keine Parallele findet. Genau wie Pflanzen und Tiere verfügen auch Steine über ein Seelenleben, und in der Entwicklung des Zen-Gartens wurden sie zum wichtigsten Element. Einem Priester, der einen Garten entwirft, geht es darum ihn zu vereinfachen, zu seiner Essenz zu gelangen: nicht immer mehr hinzuzufügen, sondern mit Hilfe einfacher Materialien das große Ganze zum Ausdruck zu bringen. Hierzu ist Stein der Schlüssel.

Im Zen-Garten, ob alt oder modern, liegt der Weg zur Schlichtheit darin, die Natur in einer geläuterten Form darzustellen, ohne Pflanzen und ohne Wasser. Auf diese Weise entstand *karesansui*, der Trockenlandschaftsgarten. Mit Sand und Steinen unterschiedlicher Größe lässt sich die gesamte Natur darstellen. Auch ist es möglich, geistige Konstrukte durch Gartendesign wiederzugeben, wie in dem links gezeigten Ryumontei- oder Drachentor-Garten des Gion-ji-Tempels in Mito. Hier ist eine Parabel in eine wahre Geschichte eingebettet, die sich im siebzehnten Jahrhundert in dieser Gegend zugetragen hatte, als der Buddhismus im

Das Harken des weißen Sandes zu Mustern, die an Wellen oder gekräuseltes Wasser erinnern, dient der Ästhetik, doch für die Zen-Priester ist es auch eine Übung zur Stärkung der Konzentrationsfähigkeit. Es ist nicht einfach, die Linien perfekt zu ziehen, und die Priester stellen ihre Harken entsprechend den gewünschten Rillen selbst her.

Wenn die Gleitwände eines traditionellen *tatami*-Raums vollständig geöffnet sind, fließt der Garten in ihn hinein. Dieses Verwischen der Trennlinie zwischen Garten und Haus, zwischen Draußen und Drinnen, ist gewollt und wird durch den minimalen Höhenunterschied zwischen Fußboden und Garten und das Fehlen einer Schwelle noch unterstützt.

Niedergang begriffen war und viele falsche Priester existierten. Der Vize-Shogun Mitomitsukuni lud einen berühmten Priester aus Nagasaki mit Namen Shinetsu ein, um den Tempel zu errichten, und dieser Garten, den ich selbst im Jahre 2000 anlegte, stellt die beiden dar. Linkerhand sitzen der Vize-Shogun und weitere Zuhörer dem Priester gegenüber, der ihnen eine Geschichte erzählt, die durch die Steine zur Rechten illustriert wird – die chinesische Parabel vom Karpfen, der sich flussaufwärts durch die sprudelnden Stromschnellen durch das Drachentor kämpft. Es ist eine Metapher für den mühseligen Kampf gegen widrige Umstände und letztlich für die Selbsterleuchtung.

Ich möchte hiermit veranschaulichen, wie viel ein Garten in Japan zum Ausdruck bringen kann. Neben der Trockenlandschaft existieren noch weitere Traditionen, von denen viele in der Klarheit ihres Konzepts erstaunlich modern sind. Ich nannte bereits Schlichtheit und Reduktion des Gartens auf das Wesentliche und erwähnte auch, wie wir uns auf ein einzelnes Element zu konzentrieren verstehen und so aus wenig mehr machen, anstelle des allzu gängigen weniger aus vielem. Andere hochentwickelte Methoden sind Blickwinkel und Komposition, welche die Gartenerfahrung des Betrachters dirigieren. Hierzu kann die Eingrenzung des Blickfeldes gehören, das gezielte, ausgewählte Offenbaren, unterschiedliche Ansichten aus verschiedenen Positionen, manchmal als Folge, manchmal als Alternative. Eine der beeindruckendsten Verfahrensweisen ist der geborgte Blick, das *shakkei*, bei dem ein Ausschnitt einer fernen Landschaft »eingefangen« und in die künstlerische Gartengestaltung einbezogen wird. Aufgrund der übergroßen Bevölkerungsdichte Japans lässt sich dies heute nur schwierig bewerkstelligen, doch mein Garten für die Kanadische Botschaft kann als Beispiel dienen (siehe Seite 82–85) sowie auch das ungewöhnliche »Tor Asiens« in Okinawa (Seite 34–39).

Ästhetische Wertvorstellungen unterscheiden sich und es gibt vielfältige Ausdrucksmöglichkeiten, doch hinter jedem einzelnen der Gärten in diesem Buch, welche die moderne Vorhut der Gartengestaltung repräsentieren, steht eine Idee – eine Philosophie. Sie setzen sich mit neuen Sorgen im Zusammenhang mit moderner Lebensweise und Raumproblemen auseinander, und manchmal verwenden sie neue Materialien, doch ihre Schöpfer bringen in den meisten Fällen etablierte Verfahrensweisen aus unserem reichen japanischen Repertoire zur Anwendung.

Welche Trends sind neu im japanischen Garten? Mein persönliches Hauptaugenmerk liegt natürlich auf dem Gartendesign als Mittel zur Einbringung von Zen in die moderne Lebensweise und hier vor allem in das Großstadtleben. Mit Hilfe von Stein und Metaphern versuche ich Gärten zu schaffen, die zu einer einfacheren Weltsicht auffordern. Überhaupt jedoch sehe ich, wie in Japan Gärtner und Architekten auf die sich wandelnden Bedürfnisse der Menschen in unserer Gesellschaft eingehen.

Die Enge in städtischen Wohnvierteln und der Mangel an Privatraum sind besondere Probleme der heutigen Zeit. Ich fürchte, Japan nimmt hierin quasi die Weltspitze ein, was uns die Verantwortung auferlegt, dafür auch eine spirituelle Lösung zu finden – und darin liegt für mich die zentrale Rolle des Gartens. Glücklicherweise sind wir durch unsere weit zurückreichenden Erfahrungen mit dichtgedrängten Behausungen und eingeschränktem Raum gut dafür gerüstet, Strategien zu entwickeln, um diesen Raum möglichst vorteilhaft zu nutzen. Schon lange existiert in Japan eine Idealvorstellung vom Haus, in der es mit dem Garten zu einer Einheit verschmilzt. Das wird in der Verwendung der traditionellen durchscheinenden *shōji*-Gleitwand, die sich vollkommen öffnen lässt, deutlich. Bei den heutigen, beengteren Verhältnissen

Im Mittelpunkt von Japans berühmtem traditionellem Tawaraya-Gasthaus befindet sich ein zum Himmel offener kleiner Binnengarten, ein *tsubo niwa*. Ein Korridor auf zwei Seiten lässt sich vollständig zu diesem Bereich öffnen; dabei spielen die Kiesfläche, ein flacher Stein für die traditionellen *geta*, die Holzpantinen, und das steinerne Schöpfbecken mit seiner Kelle eine Schlüsselrolle.

☽ Stein war in der japanischen Gartenkunst schon immer von großer Bedeutung; eine starke Neuerung der letzten Jahre ist die Verwendung von bearbeitetem Stein.

☾ Der moderne japanische Garten nimmt oft Rückbezug auf ältere Prinzipien. Für diesen Senkgarten in Sakuragaoka hob der Architekt Osamu Ishii das Grundstück vier Meter aus. Das quadratische Wasserbecken entspricht nicht der Tradition, doch die Form seiner Umrandung mit den gekreuzten Ecken, *igeta,* findet sich in unterschiedlichsten Kontexten, von Textilien bis hin zu den Plattformen, die in religiösen Prozessionen getragen werden.

gibt es andere Möglichkeiten, dies umzusetzen, wie bei den von Denso Sugiura entworfenen winzigen vertikalen Bauten (siehe Seite 64–67).

Neue Materialien und Anwendungen erweitern unseren Spielraum. Ich interessiere mich beispielsweise besonders für die Verwendungsmöglichkeiten von bearbeitetem Stein – ein radikaler Bruch mit der alten Tradition, ausschließlich naturbelassene Steine zu verwenden. Bruchkanten und Reihen von Keilspuren bringen eine neue Art von Schönheit im Stein hervor. Andere Designer finden Verwendung für Glas, Eisen, Edelstahl, Dachziegel und sogar Kohlefaser, wie eine Reihe der hier vorgestellten Gärten deutlich macht.

Weitere Möglichkeiten ergeben sich durch die Wahl der Komponenten – hauptsächlich Pflanzen und Steine. Kiyoshi Seike war in den 50er Jahren einer der ersten Gartendesigner, der die Bepflanzung freier gestaltete, und heute sehen wir eine noch weiter gehende Freiheit: die Verwendung des nur eingeschränkt Ursprünglichen – etwa von fremdländischen Arten – und die Nachgestaltung spezifischer Standorte, wie der immergrünen Pflanzengemeinschaft eines Shinto-Schreins.

Ich hoffe, dass diese Beispiele als Inspiration für die Gartengestaltung dienen mögen. Die Umgebung, die Menschen, die den Garten nutzen werden, und der Bezug des Gartens zum Haus genießen erste Priorität – erst danach setzt der Designer an. Das Prinzip gilt für jeden, der einen Garten gestalten möchte.

Liegt das Haus inmitten einer schönen Landschaft, warum sollte der Garten sich nicht in diesem Ausblick fortsetzen wie bei dem *Sekkasanbō*-Haus (Seite 72–75)? Dieser Kunstgriff wird den Garten viel größer erscheinen lassen, als er wirklich ist, und ihn zu einem angenehmen Ort machen. Liegt das Haus hingegen inmitten von Lärm und störenden Anblicken, so grenzt eine Mauer diese aus und schafft einen schönen, ruhigen *tsubo*-Garten, wie bei dem »Tuschefarbenen Domizil« (Seite 26–29). Wer harte Arbeit vor sich hat, möchte vielleicht gerne in einem Gartenstück vor dem Eingang die nötige Energie tanken – ein winziger *genkan*-Garten, eventuell mit einem Baum und Trittsteinen (Seite 86–87). Ist wie so häufig die Größe das Problem, so kann wiederum die Weisheit des japanischen Gartens helfen, indem der Raum »mehrdeutig« angelegt wird. Ein einfaches Beispiel ist die Platzierung von Pflanzen bei einem Fenster, die eine durchgehende Szenerie mit den Sträuchern und Bäumen des Gartens suggerieren und so ein offenes Ambiente schaffen (Seite 56–59).

Es geschieht nur zu leicht, dass der Großstadtmensch mit der entsprechenden Arbeitsbelastung seine eigene Identität aus dem Auge verliert. Die Bedeutung des Gartens liegt in seiner Fähigkeit, hier als Ausgleich zu dienen. Ein Bereich, der die Natur verkörpert, kann wie ein Tonikum wirken – reiner Seelenbalsam. In seiner Idealform ist der moderne japanische Garten genau solch ein spiritueller Ort, nach einer ausgefeilten Ästhetik angelegt, welche die Natur beschwört und zelebriert. Die eingesetzten Mittel sind unterschiedlich, wie in diesem Band deutlich wird: von der Trockenlandschaft des Zen über einen einzigen Baum als Mittelpunkt bis hin zu freieren, natürlicheren Formen der Bepflanzung. Doch gehen alle aus einem ganzen Jahrtausend des sogenannten *tokikata* hervor – in diesem Kontext die Interpretation des Kosmos durch den Garten. Und letztendlich trifft dies genau meine Betrachtungsweise des modernen Garten in Japan – ein Raum, der dem Geist dazu dient, seine Empfangsbereitschaft für die einfachen, kleinen Dinge neu zu sensibilisieren, die häufig vom täglichen Leben überdeckt werden.

Tradition in neuer Form

Diese ungewöhnliche Holzkonstruktion, halb freistehende Wand, halb Bogen, dient beim Blick vom Eingang zum Haus als Blende für den Steingarten. Es soll gerade so viel sichtbar sein, dass der Besucher neugierig wird. Als Inspiration für den Fensterausschnitt diente der niedrige »Kriecheingang« zum Teeraum.

Ein traditioneller Trockenlandschaftsgarten wird aus einem streng gerahmten Blickwinkel betrachtet – gewöhnlich vom Inneren eines Tempels aus. Hier fällt der Blick aus dem Parterre des Hauses, dessen Fußboden entgegen der Sitte nicht über der Höhe des Gartens liegt.

Moderne Trockenlandschaft

Entwurf: Yoshiji Takehara

Der Trockenlandschaftsgarten, exemplarisch dargestellt in Shunmyō Masunos modernem und dennoch vollkommen traditionellem Entwurf für den Gion-ji-Tempel in Mito (Seite 10), ist unlösbar mit dem Zen-Buddhismus verbunden. Und doch hat sich laut Masuno seine Wertschätzung auch in den Bereich der weltlichen Kultur ausgedehnt und bei vielen Japanern findet eine Umsetzung im häuslichen Bereich Anklang. In diesem Garten an den Hängen des Hieizan, eines heiligen Berges unweit von Kyoto, gestaltete der Architekt Yoshiji Takehara als Kernstück des Hauses eines Textilkünstlers einen im Jahr 2001 fertiggestellten modernen Trockenlandschaftsgarten.

Die Inspiration zum *karesansui*, dem Trockenlandschaftsgarten, kam mit einer Sammlung attraktiver Steine, die der Vater des Besitzers über viele Jahre zusammengetragen hatte. Ein jeder hatte seine Bedeutung, einen Namen und eine Geschichte. Als der Zeitpunkt für die Umgestaltung kam, erkannte Takehara, dass die Positionierung und der Bezug der Hauptsteine zueinander erhalten bleiben mussten. Er entfernte jedoch die Bäume und die meisten der anderen Pflanzen und suchte nach einem verbindenden Element, das die Steine hervorheben würde. Er schlug vor, sich auf die Klarheit von Stein zu beschränken, was bedeutete, einen recht alltäglichen Garten in ein *karesansui* zu verwandeln. Normalerweise repräsentiert weißer Sand als Grundfläche des Trockenlandschaftsgartens das Wasser; Takeharas moderner Ansatz jedoch war die Verwendung von *warikuri-ishi*, Geröll. Der Eindruck von Trockenheit wird hierdurch verstärkt und durch die unterschiedlichen Steingrößen lässt sich fließendes Wasser noch dynamischer darstellen – wie in Shunmyō Masunos Binnengarten in Kojimachi (Seite 76–81).

Haus und Garten lassen in Wechselwirkung interessante Bilder entstehen; sie schöpfen das Konzept des *tachidomaru* ganz aus. Dieses Wort setzt sich aus »stehen« und »anhalten« zusammen und bedeutet »zögern, innehalten und zurückblicken«. Eine typische Eigenart von Tempeln – und Takehara verweist besonders auf den Daitoku-Tempel in Kyoto – besteht darin, dass andere Teile der Anlage nur über Umwege zu erreichen sind; der Weg windet sich hin und her, so dass die Annäherung an das Ziel immer Überraschungen birgt. Der Weg von Punkt A nach Punkt B zeigt dem Besucher eine Vielzahl von Eindrücken. »Die Szene, die man anfangs erblickt und für sein Ziel hält, erfährt eine Veränderung durch Ausblicke, die sich entlang des Wegs offenbaren, und diese traditionelle Gestaltungsmethode versuche ich in meine Wohngebäude zu integrieren.«

Grundlegender Bestandteil eines solch verblüffenden Effekts sind faszinierende Andeutungen und ausschnitthafte oder halb verdeckte Einblicke. Manchmal löst ein weiterer Ausblick vom Hausinneren die Rätselhaftigkeit auf, doch die Unklarheit und Mehrdeutigkeit sind für das erhöhte Interesse, das Takehara wecken möchte, von großer Bedeutung. (Bei den untereinander verbundenen Gartenräumen auf Seite 56–59 bewirkt er dasselbe auf andere Weise.) Bei diesem Garten kam es ihm darauf an, den ungehinderten Blickeinfall vom Straßeneingang zu verhindern. Der kurze Pfad führt zum Hauseingang in einem Gebäudeflügel, in dem sich auch die moderne Variante eines *tatami*-Raums befindet. Ohne Kunstgriff wäre die Seitenansicht des Steingartens allen Blicken preisgegeben, eine unmittelbare Offenheit, die Takehara zu vermeiden suchte. Gleichzeitig jedoch wollte er den Garten nicht vollkommen verbergen, sondern vielmehr dem Besucher andeuten, dass ihm ein interessantes Erlebnis bevorstehe.

Seine Lösung bestand in einem wuchtigen, freistehenden Bogen aus Holz, einer massiven Wand mit einem niedrigen rechteckigen Ausschnitt. Als Bauwerk betrachtet ist sie uneindeutig und scheint ohne bestimmte Funktion. Tatsächlich jedoch erfüllt sie ihren Zweck, denn sie provoziert den Besucher heranzutreten und sich herabzubeugen, um festzustellen, was dahinter liegt. Und so erinnern Größe und Platzierung des Ausschnitts nicht zufällig an den »Kriecheingang« zum Teeraum. Indem er die Wand nur einen Meter vom *tatami*-Raum entfernt positionierte, schuf Takehara gleichzeitig einen schmalen Korridor, der ebenso als Aufforderung zum Hindurchgehen und Nachschauen wirkt. Dazu sagt Takehara: »Ein unverzichtbarer Bestandteil meiner Architektur besteht darin, verschiedene Dinge ablaufen zu lassen, während man zwischen den Häusern entlanggeht.«

Schließlich jedoch wird der Besucher durch zwei uneingeschränkte Ansichten des Trockenlandschaftsgartens belohnt. Die erste bietet sich vom Parterre, wo ein erhöhter *tatami*-Boden zum perfekt gerahmten Ausblick lädt. Takehara bestand hier darauf, den darunter gelegenen Betonboden exakt auf dem Niveau des Gartens zu halten (traditionell läge er höher), um so die Grenzen zwischen Drinnen und Draußen zu verwischen. Im Essbereich im Obergeschoss geben Gleittüren einen zweiten Blick auf den Garten frei.

Unmittelbar zur Linken des Hauseingangs befindet sich ein kleiner *tatami*-Raum für Gäste und für die Ausstellung der textilen Entwürfe des Eigentümers. Ein deckenhohes Gleitelement in der Rückwand lässt sich ganz öffnen und gibt den Blick durch den Fensterausschnitt der Holzwand frei. Die Betonwand zur Linken wurde in einer Holzverschalung gegossen, damit ihre Oberfläche die Holztextur des Bogens wieder aufnimmt.

Der Entwurf des Architekten ist so ausgelegt, dass sich eine Vielzahl unterschiedlicher Blickachsen ergibt. Begibt man sich von dem Blickpunkt links in die nächste Ecke, so fügen sich die Öffnungen und geometrischen Flächen auf der gegenüberliegenden Seite des *tatami*-Raums zu einem ganz neuen Rahmen zusammen, der mehrere zentrale Felsen im Hintergrund des Gartens zum Mittelpunkt hat.

Aus der ersten Etage fällt der Blick über einen mit Blumentöpfen gesäumten Balkon in den Garten. Beim traditionellen Trockenlandschaftsgarten hingegen gibt es keine Vogelperspektive.

Der Garten ins Haus geholt

Entwurf: Suiko Nagakura

Eines der augenfälligsten Merkmale traditioneller japanischer Wohnkultur ist die Verbindung von Haus und Garten. Tatsächlich setzt sich das Wort für Garten, *niwa*, in der archaischen Schreibweise aus den Schriftzeichen für »Vorderseite des Hauses« zusammen. Hierbei spielt die Verwendung von *shōji*-Gleittüren aus Papier, die sich vollkommen zum Außenbereich hin öffnen lassen, in Verbindung mit einer Veranda als Übergangsbereich, der weder Innen- noch Außenraum ist, eine grundlegende Rolle.

In dem Haus der Keramikerin Suiko Nagakura ist dieser Grundgedanke offensichtlich buchstabengetreu ausformuliert worden, denn das Speisezimmer ist der Garten, ein recht ungebärdiger noch dazu, in welchem die Tischbeine in Farnkraut versinken. Die Fruchtbarkeit des Raums überrascht nicht, bedenkt man, dass der Boden aus Erde besteht; die Bewohnerin hält ihn gleichmäßig feucht und düngt ihn hin und wieder mit einem Rest ihres grünen Tees. Dieser Garten im Hause zieht sich gleich einem Korridor an der ganzen Hausseite weiter, ein Zwitterwesen aus Drinnen und Draußen, während die traditionellen, mit *tatami* ausgelegten Wohnbereiche sich auf einer erhöhten Plattform befinden, die auf zwei Seiten von der L-Form des grünenden Bodens umrahmt ist. Verputzte Holzaußenwände umschließen den Garten und raumhohe Schiebefenster entlang der Südseite des von rosafarbenen und roten Geranien bevölkerten Korridors garantieren reichliches Sonnenlicht. Ganz besonders angetan von diesem Arrangement ist der Hund des Hauses, Lily.

Tatsächlich ist im Kontext tradierter japanischer Architektur dieses Konzept nicht so abwegig, wie es einem Bewohner der westlichen Welt vielleicht erscheinen mag. Der Lehmfußboden ist ein direkter Abkömmling des *doma*, eines Innenbereichs mit einem Boden aus gestampftem Lehm, der aus japanischen Häusern beinahe vollkommen verschwunden ist. Dieser diente als Arbeitsbereich, als Verkehrsweg und als Küche, während der eigentliche Fußboden erhöht lag (den es im Haus armer Leute allerdings nicht gab). Noch heute liegt die Vorhalle am Eingang zu fast allen japanischen Häusern, wo die Schuhe abgestreift werden, eine Stufe unterhalb des Hauptbereichs und wird korrekt als *doma* bezeichnet.

Schon vor langer Zeit fanden sich in japanischen Häusern gestampfte Lehmböden, doch sie beschränkten sich auf den Bereich unmittelbar um das Fußbodenpodest. Lediglich in den allerärmsten Behausungen hatten ganze Räume einen solchen Boden, wie hier das moderne Speisezimmer.

Bevor 1995 das Haus errichtet wurde, wurden auf diesem Landstück Gerste und Tabak angebaut. »Vielleicht ist das der Grund, warum hier alles so gut zu wachsen scheint«, sagt Nagakura. »Manchmal sprießt ganz ohne mein Dazutun Gerste oder Löwenzahn. Im letzten Winter kam ein Frosch zum Überwintern herein.« Anfangs hatte sie gar nicht vor einen Garten zu schaffen; sie wollte lediglich die Vorteile des *doma*. Nach und nach jedoch begann der Einzug der Pflanzen, beispielsweise von *aoi*, der als Symbol für die Tokugawa-Regierung berühmten Quirlmalve *(Malva verticillata)*. Ihr gefiel die Wirkung so sehr, dass sie selbst Pflanzen hinzuzufügen begann, darunter Aloe mit ihren fleischigen Blattschwertern mit medizinischen Eigenschaften, Bergpalme *(Chamaedorea)* und japanische Hortensie *(Hydrangea macrophylla)*. Sie stellte fest, dass der natürliche Stil ihrer Keramik sich gut mit den Farnen und anderen Pflanzen verband, und so platzierte sie eine Reihe von Stücken strategisch als Blickfang im Raum, eines sogar seitlich unter dem Esstisch. Gleichzeitig erfüllt der Raum inzwischen den Zweck einer Galerie für ihre Arbeiten – »und die Besucher müssen nicht einmal ihre Schuhe ausziehen«. Zu den wechselnden Ausstellungsstücken im Raum kommen einige, die permanent zwischen den Pflanzen im Garten installiert sind.

Dieses gewisse natürliche Chaos – oder zumindest das unplanmäßige Vordringen der Natur – weist eine Verwandtschaft mit Nagakuras Keramikarbeiten auf. »Mir gefällt an diesem Garten, dass er sich keinen vom Menschen gemachten Regeln unterwirft – ganz wie der Ton, der auch ein Element der Natur ist. Ich will ihm keinerlei Künstlichkeit aufzwingen.« Zu ihren Techniken bei der Gestaltung des Tons zählt die Einbringung von Zufälligkeit: In einem gewissen Stadium der Ausformung schließt sie die Augen und drückt oder schlägt zu. Entsprechend begrüßt sie die zufällig sich im Speisezimmer ansiedelnden Wildpflanzen. Sie verweist auf den Frauenhaarfarn *(Adiantum capillus-veneris)* unter dem Tisch und sagt: »Als er sich hier niederließ, war er da drüben, etwas weiter im Norden, doch Tag für Tag rückt er ein wenig weiter in Richtung Süden.«

Der seitliche Blick von der Hausrückwand macht die Beziehung zwischen Haus und Garten deutlich. Der mit *tatami*-Matten ausgelegte Wohnraum liegt erhöht zur Linken; der Garten umschließt ihn auf zwei Seiten. Seine Gleittüren lassen sich vollkommen zurückschieben, so dass die Besitzerin in den uneingeschränkten Genuss des Hausgartens kommt.

Da das Speisezimmer der erste Raum dieses Hauses ist, den man betritt, dient es gleichzeitig als Galerie für die Keramikarbeiten der Hausherrin; die organisch wirkenden Kreationen entsprechen vom Typ dem sich ausbreitenden Garten. Manche Stücke werden nur vorübergehend auf Borden und auf dem Tisch ausgestellt (rechts), während andere, fest mit dem Garten verwurzelte die Bepflanzung verankern (rechts außen) – eine Auflösung der Grenzen zwischen von Menschenhand Geschaffenem und Natur.

Die Lösung des Designers für den Lichtmangel in diesem von einem dreistöckigen Haus umschlossenen kleinen Innenhof liegt in der Vorbereitung des Auges; der Eingangsbereich im Parterre ist zu diesem Zweck dunkel gehalten.

Ein Großstadt-Innenhof

Entwurf: Michimasa Kawaguchi

Das Hofhaus war eine chinesische Besonderheit, aus der sich der Binnengarten entwickelte; in Japan war dessen nachfolgende Miniaturisierung unvermeidlich. Tatsächlich ist der japanische Terminus für den Binnengarten – *tsubo niwa* – eine überspitzte Formulierung, die sich genau hierauf bezieht. Ein *tsubo* ist ein altes Flächenmaß von 3,305 Quadratmeter, das zwei nebeneinander gelegten *tatami* entspricht. Die meisten Binnengärten sind eher größer, doch die Bezeichnung ist geblieben.

Für dieses Haus in dem Tokioter Wohnviertel Ichikawa war ein Hofgarten die logische Antwort auf die Lage in einem geschäftigen, lauten und sehr dicht bebauten Bezirk. Das Grundstück zieht sich quer durch einen sehr schmalen, abgeschrägten Häuserblock und grenzt vorn wie hinten an eine schmale Straße. Leider münden beide nach nur wenigen Metern in eine stark befahrene Durchgangsstraße, so dass das Haus fast vollständig von fließendem Verkehr umgeben ist. Alles in allem keine ungewöhnliche Situation in einer japanischen Stadt; sie spornte den Architekten Michimasa Kawaguchi dazu an, ein nach innen gewandtes Haus zu entwerfen. Die Zahl der nach außen weisenden Fenster wurde auf ein Minimum beschränkt und der von beiden Stockwerken einsehbare Hofgarten in den Mittelpunkt der Aufmerksamkeit gerückt.

Aufgrund dieser Gestaltung ist der Lichteinfall nicht gerade reichlich und die vorhersehbare Lösung würde darin bestehen, das Licht durch weiße, stark reflektierende Wände zu maximieren. Kawaguchi jedoch hatte Bedenken, dass es zum Nachteil des Gartenblicks wäre, wenn er die Innenhofwände so grell wie möglich hielte, nur um Licht in die Räume im Parterre zu werfen. Der Blick vom Haus in einen solchen Garten wäre ein unangenehm scharfer Kontrast. Seine Antwort war, Wohnzimmer, Esszimmer und Küche in der oberen Etage anzuordnen, in die mehr Licht gelangt, und die Innenhofwände grau zu halten. Dadurch umfängt den Besucher beim Betreten des Hauses anfängliche Dunkelheit, die in einen erholsamen Ausblick auf das sanfte Licht des Gartens übergeht. Der Garten ist auf zwei Seiten von einem Korridor mit großen Fenstern begrenzt, und da dessen Innenflächen (Wände, Holzsäulen und Balken sowie die Rahmen der *shōji*-Gleittüren) in Schwarz und Dunkelgrau gestrichen sind, stören keinerlei Reflexe im Glas den Blick in den Innen-

Ein winziger Bereich in einer Ecke im hinteren Teil des Hauses wurde in einen ausschließlich der Betrachtung gewidmeten Miniaturgarten verwandelt. Dieses Fenster gehört zu dem traditionellen *tatami*-Raum; dem über Eck gelegenen Hauptschlafraum bietet sich durch ein zweites Fenster ein anderer Ausblick.

Dieser Grundriss des Erdgeschosses zeigt den Innenhof im Zentrum und unten links den winzigen Eckgarten. Der Hauseingang liegt oben rechts, so dass sich jedem, der das Haus betritt, zunächst der Blick durch das auf dem Foto links sichtbare Fenster bietet.

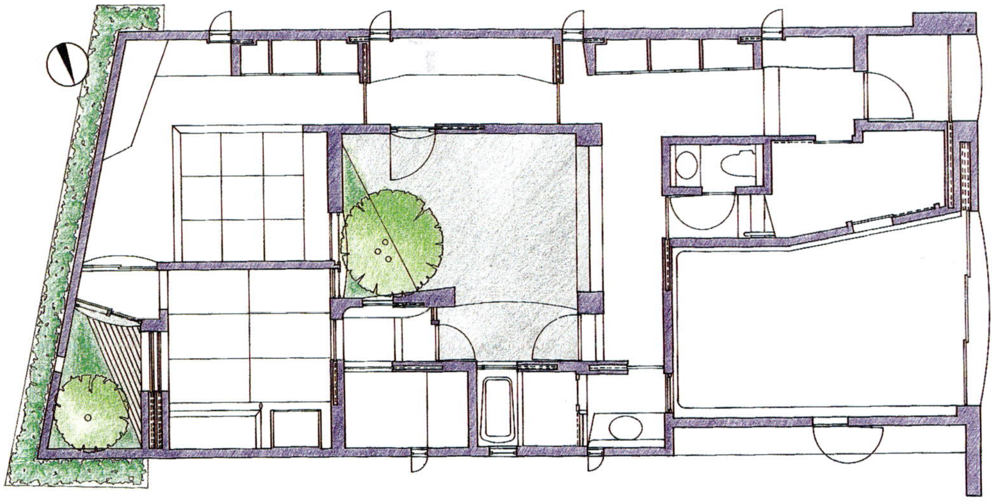

hof. Die obere Etage ist heller und von hier zeigt sich der Garten aus einer anderen Perspektive.

Die verschiedenen Töne von Schwarz und Grau sind sorgfältig ausgewählte Schattierungen von *sumi*, der Tusche, die für Kalligraphie und Bildrollen verwendet wird. Kawaguchi hat diese aufgrund ihrer Natürlichkeit schon früher in Häusern benutzt und die meisten Japaner erkennen diese Farbe mit ihren positiven kulturellen Konnotationen augenblicklich. Die Oberfläche ist matt, doch die Holzflächen werden im Laufe der Jahre und vieler Berührungen einen natürlichen Glanz annehmen. Ein sehr wichtiges Qualitätsmerkmal bei der Verwendung von *sumi* in der Kalligraphie und Malerei ist die Beherrschung der Farbintensität, denn das Pigment kommt in Form eines Tuschsteins und wird mit dem Pinsel aufgetragen. Der Verdünnungsgrad ist entscheidend, der Grauton der Hofwände – *usuzumi* oder »schwaches« *sumi* – liegt genau fest. Der Name des Hauses lautet Sumiiro no Jutaku, »Tuschefarbenes Domizil«.

Der Bewohner zieht Pflanzen am liebsten in Töpfen, und so wurde nur eine Seite des Hofs mit einer Kamelie, Himmelsbambus *(Nandina domestica)* und einer Schusterpalme *(Aspidistra elatior)* bepflanzt. Zu den Kübelpflanzen zählen ein Talgsumach *(Rhus succedanea)* und ein Seidelbast *(Chloranthus glaber* Makino). Der *tatami*-Raum liegt an der Rückseite des Hauses und Kawaguchi war der Meinung, dieser müsste unbedingt über einen Gartenblick zur Meditation verfügen, sei er auch noch so klein. Er sorgte dafür, dass in dem spitzen Winkel direkt an der einen Straßenmauer eine winzige viereckige Fläche offen blieb, eine Ecke, die sich sonst nicht hätte nutzen lassen. Die weiß verputzten Mauern reflektieren das von oben einfallende Licht. Mit zweieinhalb Quadratmetern ist der Bereich zu klein zum Betreten, Pflegemaßnahmen ausgenommen, doch zwei Fenster, eines zum *tatami*-Raum, eines zu dem über Eck liegenden Hauptschlafraum, gestatten zwei verschiedene Ansichten einer japanischen Zierquitte, *boke (Chaenomeles speciosa* Nakai), mit einer Schusterpalme *(Aspidistra elatior)* zu ihren Füßen.

Schwarze Kiesel, *nach-ishi*, und Bodendecker umgeben den Stamm einer hohen Kamelie; bei der grasartigen, *tamaryu* genannten Pflanze handelt es sich um eine rasenbildende immergrüne Staude, Schlangenbart *(Ophiopogon japonicus,* links außen). Auch die Bambushalme vor dem Grau der Hausfassade zeichnen sich durch zurückhaltende Farbverwendung aus (links).

Blick in den Innenhof aus dem ersten Stock. Die Skalierung von *usuzumi*-Abstufungen (verdünnter Tusche) findet ihr Gegenstück in den gedämpften Grüntönen der Bepflanzung. Zurückhaltende Farbverwendung ist eines der traditionellsten japanischen Ästhetikprinzipien.

Zwar liegt eine Hauptaufgabe dieses Hofs darin, Licht in die Räume zu beiden Seiten zu schleusen, doch er ist auch ein bemerkenswerter Raum. Der Garten liegt halb unter Bodenniveau; durchscheinende Fenster umschließen ihn, während eine transpartente Wand die Rückseite bildet. Der Raum macht den Eindruck eines gigantischen Schaukastens, der einem einzigen Blumenhartriegel *(Cornus florida)* gewidmet ist.

Zwei junge Hinoki-Scheinzypressen *(Chamaecyparis obtusa)* flankieren die Eingangstür. Die weitverbreiteten Bäume werden in diesem Entwicklungsstadium als *asunaro* bezeichnet – »im Werden Begriffene«. Die Horizontalen der Wellblechfassade verstärken die Illusion eines langgestreckten, niedrigen Gebäudes und steigern die Überraschung des tiefen Innenhofgartens.

Lichtschacht

Entwurf: Kazuyo Sejima & Ryūe Nishizawa

Eine vollkommen andere Art von Innenhofgarten gestaltete das Architektenteam Kazuyo Sejima und Ryūe Nishizawa als Antwort auf eine ähnliche Suche nach Privatsphäre in dem »M-Haus«, das sie für einen Klienten entwarfen, der in der Musikindustrie tätig ist. Das Haus ist in dem exklusiven Wohnbezirk Shibuya in Tokio gelegen. Im Laufe der Jahre wurden die Grundstücke hier immer wieder unterteilt, so dass die Durchschnittsgröße heute bei 200 Quadratmetern liegt – für japanische Verhältnisse eigentlich sehr großzügig. Jedoch sind die Häuser meist derartig groß, dass sie den ganzen Raum einnehmen, und so entsteht selbst in diesem erstklassigen Stadtteil ein Gefühl der Enge. Viele Häuser sind im westlichen Stil gehalten und blicken mit ihren Fenstern zur Straße und auf andere Häuser. Aufgrund deren Nähe werden sie meist mit Jalousien oder Vorhängen versehen, die zugezogen bleiben.

Sejima und Nishizawa erkannten diese »Anomalien«, wie sie sie bezeichnen, sofort und suchten bei ihrem Entwurf nach einer Möglichkeit, »die Umgebung ins Haus zu holen und gleichzeitig die Privatsphäre des Wohnraums zu sichern«. Der Eigentümer hatte ganz ausdrücklich auch um einen Bereich für Partys gebeten. »Unsere Lösung«, so fahren sie fort, »bestand darin, das gesamte Grundstück auszuschachten.« Indem sie ein ganzes Stockwerk in die Tiefe gingen und einen zentralen Hofgarten schufen, genießt der Hauptwohnbereich eine reizvolle Lage in der unteren Etage, während der Privatbereich (Garage, Schlafzimmer, Gästezimmer) auf Höhe der Straße verblieb.

»Das Untergeschoss kommt in puncto Wohnqualität meist schlecht davon, doch indem wir offene Bereiche um einen Lichthof anordneten, verwandelten wir das gesamte Kellergeschoss in einen angenehmen, luft- und lichtgefüllten Raum. So entstand ein großer, sowohl optisch als auch unter dem Aspekt der Bewohnbarkeit kontinuierlicher Bereich.« Der zentrale Lichtschacht mit dem Garten misst zehn mal knapp drei Meter und ist etwas über fünf Meter tief. Licht fällt hauptsächlich von oben ein, von weißlackierten Stahllamellen gedämpft; auf einer Seite spendet ein aufgedoppelter Sichtschutz aus perforiertem Metall in Höhe des Gehwegs zusätzliches Licht – die Perforierung wahrt die Privatsphäre. Durchscheinendes Polycarbonat und Glas schließen beide Längsseiten in voller Höhe ab; durch sie

gelangt Licht ins Wohnzimmer auf der einen und ins Studio auf der anderen Seite und auch dem Innenhof vermitteln sie einen hellen, lichten Eindruck. Die eine Schmalseite wird durch eine weiße Betonwand begrenzt; auf der anderen können die Bewohner, wenn sie von einem Gebäudeteil in den anderen gehen, durch eine Glaswand in den Hof sehen. Maße und Abstand der Lamellen sind sorgfältig berechnet, so dass die maximale Lichtmenge einfällt, während gleichzeitig benachbarte Gebäude kaschiert werden.

Nach Konsultierung ihrer Architekten beschlossen die Hauseigentümer, den Garten als Muster an Einfachheit zu gestalten, wobei sich die ganze Aufmerksamkeit auf einen einzigen Baum richtet, der ganz vom hölzernen Bodenbelag umgeben ist. Sie wählten einen *hanamizuki*, einen nordamerikanischen Blumenhartriegel *(Cornus florida)*, der so hoch ist wie der Lichtschacht und im späten Frühjahr blüht. Diese Baumart erfreut sich neuerdings aufgrund ihrer Wuchshöhe, ihres schlanken Stamms und ihrer Feinheit sowohl in Parks als auch in Privatgärten großer Beliebtheit – ein Beispiel dafür, wie sich in Japan der Geschmack von dem harten, skulpturalen Stil geformter Koniferen abgewandt und einem natürlicheren, weicheren Erscheinungsbild zugewandt hat. Im »M-Haus« nimmt der Blumenhartriegel eine geradezu ikonenhafte Stellung ein: Er ist an dem Ende des Innenhofs platziert, das von der Haupttür zum Wohnraum am weitesten entfernt ist; Glas und Polycarbonat-Wände werfen sein Spiegelbild gleich doppelt zurück, während er das Zusammenspiel waagerechter und senkrechter Linien mildert.

Kurioserweise war das Haus 1999 in der stark beworbenen Ausstellung »The Un-Private House« (»Das öffentliche Zuhause«) im New Yorker Museum of Modern Art vertreten – ein interessantes Beispiel dafür, wie schnell manche Prinzipien japanischen Haus- und Gartendesigns missverstanden werden können. Weit davon entfernt, »öffentlich« zu sein, ging die Gestaltung von Sejima und Nishizawa explizit auf die Bitte der Bauherren um Privatsphäre ein.

Weißlackierte Stahllamellen, die den Lichtschacht überspannen, lassen das Licht einfallen und beschränken gleichzeitig den Einblick von benachbarten Häusern. Bei Sonnenschein werfen sie überdies ein Muster aus Licht und Schatten.

Der Lichtschacht unterteilt das Haus – zur Linken liegt das Wohnzimmer, zur Rechten das Arbeitszimmer und darüber der Schlafraum –, doch ein auf dem Grundriss nicht dargestellter schmaler Gang sorgt am oberen Ende, hinter dem Hartriegel, für eine Verbindung.

Im sanften Licht der abendlichen Innenbeleuchtung, das durch die durchscheinenden Wände nach außen dringt, bildet das leichte Gerüst des Hartriegels einen sanften Kontrast zu den minimalistischen Linien und Flächen des kastenförmigen Lichtschachtes.

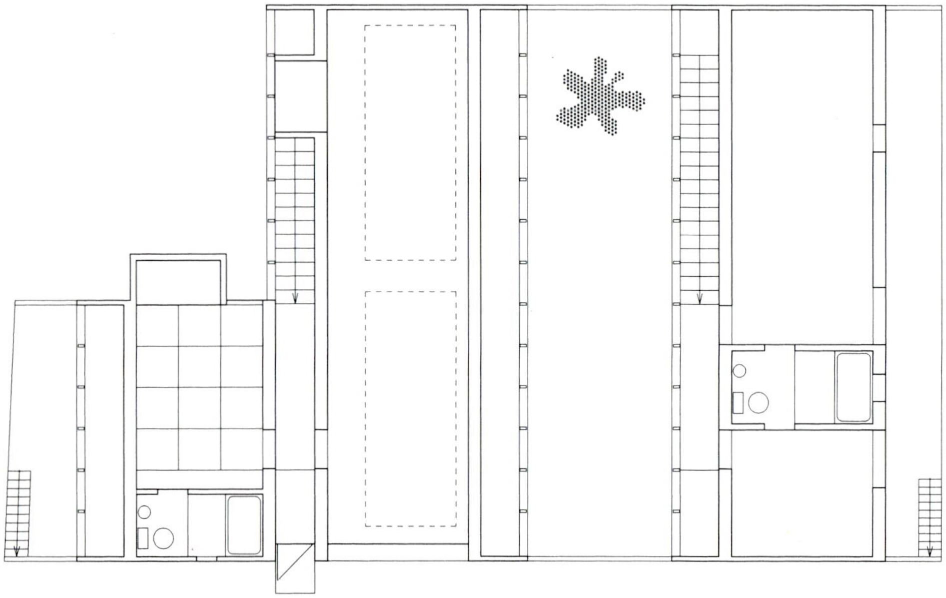

In der seichten Bucht zieht sich das Wasser bei Ebbe weit zurück und verändert den Blick, die »geborgte Landschaft« in der Symmetrie eines Rahmens, dessen Bestandteil auch die Palmen sind.

Modernes *shakkei*

Entwurf: Tetsuo Gotō & Amon Miyamoto

Einer der kühnsten Kunstgriffe in der japanischen Gartentradition ist *shakkei*, die »geborgte Aussicht«. Das Prinzip ist ganz einfach – ein natürlicher Landschaftszug in der Ferne wird dazu benutzt, das Gartenbild zu vervollständigen –, doch in der Praxis erfordert das nicht nur eine äußerst sorgfältige Standortwahl, sondern auch ein feines Gespür für Komposition. Teiji Itoh verfolgt in seinem Buch *Space and Illusion in the Japanese Garden* (1973) die Ursprünge bis ins China des siebten Jahrhunderts zurück, doch in Japan verlief die Entwicklung anders und hier lautete die ursprüngliche Bezeichnung *ikedori*, »lebendig einfangen«.

Der Gedanke des *shakkei* impliziert eine Reihe von Vorbedingungen. Erstens muss in der Umgebung ausreichend weitläufige Landschaft vorhanden sein, die es überhaupt erst ermöglicht. Die zweite Bedingung ist, dass die in der Ferne liegende Komponente, welche außerhalb der Kontrolle des Gärtners liegt, sich nicht wesentlich verändern wird. Drittens sollte sich der Ausblick, und damit der exakte Blickwinkel des Betrachters, genau kontrollieren lassen – ein ständig wiederkehrendes Charakteristikum japanischer Gartenkunst, das dem mit Hilfe von Wandschirmen und Veranden gerahmten Blick aus dem Hausinneren nicht unähnlich ist.

Von diesen drei Bedingungen lässt sich nur noch die letzte uneingeschränkt erfüllen. Hier an der Küste Okinawas wurde sie in einem Haus mit Namen »Tor Asiens« auf unvergleichliche Weise umgesetzt. Was die anderen Voraussetzungen betrifft, so erweist sich die japanische Landschaft als immer ungeeigneter für *shakkei* – Hochhäuser sprießen allenthalben und Überlandleitungen ziehen sich über die Hügel. Es gibt keinerlei Gewissheit, dass das, was ursprünglich ein sorgfältig eingeplanter Blick war, ungestört erhalten bleibt, wie unlängst in Kyoto geschehen (siehe Seite 42–45). Auch der sorgfältigste Plan ist ständig in Gefahr – die moderne Problematik einer Landschaft, die geborgt und nicht zu eigen ist.

Der Architekt Tetsuo Gotō und der Bauherr Amon Miyamoto gelangten hier zu einem höchst fantasievollen und ausgesprochen ungewöhnlichen Resultat. Miyamoto, ein bekannter Theater- und Filmregisseur, hatte sich in Japans südliche Insel Okinawa verliebt und ein Küstengrundstück am Rande einer felsigen Bucht erworben. In Okinawa werden aufgrund der alljährlichen Taifun-Saison eigentlich keine Häuser direkt an der Küste gebaut, doch Miyamoto wählte dieses Grundstück oberhalb einer niedrigen Klippe seiner Aussicht wegen. Dieser Teil der Insel ist für seine vereinzelten, von den Wogen geformten Kalkfelsen bekannt – durch Unterspülung und Erosion des weichen Gesteins entstehen dramatische Formen – und ein solcher erhebt sich genau unterhalb des Grundstücks über dem flachen, mit Seetang drapierten felsigen Boden der Bucht. Die Gezeitenzone selbst ist derart flach, dass sich das Wasser bei Ebbe fast bis zu der Landzunge in der Ferne zurückzieht.

Hier lag die Inspiration für ein modernes *shakkei*, das mehr geborgtes Seestück denn geborgte Landschaft ist. Im Gegensatz zur traditionellen Lesart ist Veränderung willkommen, denn anders als bei fernen Hügeln, deren Anblick sich nur langsam im Lauf der Jahreszeiten ändert, ist dieser Ausblick einem ständigen, stündlich beobachtbaren Wandel unterworfen. Bei Flut durchbricht lediglich der »eingefangene« Fels die blaue Wasserfläche, während sich bei Ebbe eine fast wasserlose, vom Seetang grüne Ebene dem Blick darbietet. Nimmt man dazu das Kommen und Gehen der Flut und die jahreszeitlichen Schwankungen von Sonnenstand und -lauf, so ist der Ausblick aus dem »Tor Asiens« niemals derselbe.

Okinawa ist der südlichste Zipfel Japans; in seinem fast tropischen Klima gedeiht eine charakteristische Pflanzenwelt, darunter auch Bougainvillea. Dieses knorrige Exemplar nahe dem kleinen Spiegelbecken hat seine Wurzeln tief in den verwitterten Kalkstein gegraben, aus dem auch die für die Küste typischen freistehenden Felsen bestehen.

Eine frühe Skizze macht deutlich, dass sich Architekt und Bauherr von Anfang an einig waren, dass beim Blick vom Haus der obere Teil des Felsens einen optischen Rahmen erhalten sollte. Später wurde dies durch die rahmende Deckgestaltung bewirkt.

Spiegelteiche blicken in der japanischen Gartengestaltung auf eine lange Tradition zurück. Hier vermittelt die Reflektion den illusorischen Eindruck, als ginge das Wasser im Becken direkt in den Ozean über.

Zum Schutz vor Taifunen ist das Haus in den Hang gesetzt; um Fels und Bucht »einzufangen«, richtete Gotō den Mittelteil des Betonbaus sorgfältig aus und führte den großen Wohnbereich durch eine breite rechteckige Türöffnung nahtlos auf ein Holzdeck hinaus. Die verlängerten Seiten dieses Decks umschließen den Fels mit einem optischen Rahmen; die Symmetrie des Bildes wird durch zwei rechts und links eingesetzte, nach der Form der Sake-Karaffe *tokkuriyashi* benannte Fiederpalmen *(Hyophorbe lagenicaulis)* noch verstärkt. Die ungewöhnliche Gestalt des gut fünf Meter hohen massiven Felsens unterstützt die Illusion, die den Kern des *shakkei* bildet. Da es keinerlei Vergleichsmöglichkeit gibt, könnte der Fels jede beliebige Größe haben, und dem Besucher, der ihn von dem niedrigen, das Wohnzimmer beherrschenden Tisch aus betrachtet, bietet sich nicht einmal die Möglichkeit der Parallaxe, um ihn größenmäßig einzuordnen. Nur wer aufsteht und sich auf die Veranda hinausbegibt, durchschaut die Illusion, die beim ersten Mal immer eine große Überraschung ist.

Gotō und Miyamoto wollten sich mit dem Blick auf Fels und Bucht aus dem Wohnzimmer nicht begnügen und so suchten sie nach weiteren Varianten des *shakkei*. Ein überdachter Laufsteg führt links am Haus entlang zu einem kleinen Spiegelbecken, das den Himmel reflektiert, so dass sein Bild mit der Wasserfläche der Bucht verschmilzt. Im rechten Teil des Hauses brachten sie beim Entwurf des Teeraums eine wahre Glanzleistung zustande. So sagt Miyamoto: »Ich wurde zwar als Kind in der Teezeremonie unterrichtet, doch ich hatte einen ganz einfachen, unbedarften Wunsch – ich wollte ein Fenster, durch das alles zu sehen war.« Dies ist der japanischen Teezeremonie diametral entgegengesetzt, die sich auch in der Begrenzung des Blickfeldes ausdrückt, doch in seinem Haus auf Okinawa bot sich Miyamoto die Gelegenheit seine Vorstellung zu verwirklichen. Der Blickfang eines solchen Raums ist die Nische zur Präsentation von Objekten mit symbolischer Bedeutung, *tokonoma*. Üblicherweise hängt hier ein *kakejiku*, eine Bildrolle, die meist eine Naturlandschaft darstellt. Hier war der brillante Einfall, dass der Blick in die reale Landschaft durch den schmalen Fensterausschnitt zur Bucht die auf eine Rolle gemalte Landschaft vortäuscht. Und genau wie auf der Bildrolle mit ihrer Darstellung eines Berghangs, so ist auch in dieser Komposition nur eine Seite des Felsens sichtbar. Das traditionelle Blumengefäß darunter ist durch eine flache Mulde in dem lackierten Sims ersetzt – auf der winzigen Wasserfläche treibt eine einzelne Blüte.

So nimmt der Felsen in jedem Bereich des Hauses eine zentrale Rolle ein. Miyamoto spürt seine Kraft; die Wahl und Platzierung der beiden Palmen ist bewusst einem Schrein nachempfunden. Er, der sich für Theater und Tanz so sehr begeistert, inszeniert bisweilen eine Aufführung auf der Terrasse. »Vor allem der Klang des *kōkyu* [eines chinesischen Lauteninstruments] verbindet sich harmonisch mit dem Klang der Wogen, die den Fels umspülen.« Die geborgte Aussicht vom »Tor Asiens« ist Garten, Schrein und Bühne zugleich.

In dieser beeindruckenden modernen Interpretation des Teeraums wird die traditionelle Bildrolle mit ihrer Landschaftsdarstellung, die übrigens einen fundamentalen Einfluss auf die japanische Gartengestaltung ausübt, durch eine reale Landschaft phantasievoll ersetzt. Die Beschränkung des Blickfelds auf lediglich eine Kante des Felsens ist eine bewusste Nachahmung des Berghangs, wie er in einem solchen Gemälde dargestellt wäre.

Eine Orchideenblüte treibt in dem Miniatur-Teich, den eine kreisrunde Vertiefung in dem rot lackierten Sims des Teeraums bildet. Die Senke in der polierten Oberfläche und die Wasserscheibe reflektieren das Licht, das durch das einzelne hohe, schmale Fenster einfällt.

Ein Pfad zur Leichtigkeit

Entwurf: Satoru Masaki – Shūji Mizudome

Links vom Eingang zu diesem Haus in der Präfektur Saitama befindet sich ein Teeraum; die japanische Tradition erfordert gewisse Elemente in dem Garten, der zu ihm hinführt. Die Erfüllung dieser Anforderungen kann eine ziemliche Herausforderung sein, wie auch Kishō Kurokawas Teegarten auf seiner Dachterrasse im elften Stockwerk veranschaulicht (Seite 50–53); zur korrekten Ausführung gehören ein Pfad aus Trittsteinen, ein Schöpfbecken aus Stein zur rituellen Reinigung, eine Steinlaterne und anderes mehr. Doch der Platz reichte hier nicht aus und außerdem wünschte sich die Hausherrin einen unbeschwerteren, moderneren Ansatz. Sie wandte sich an den Künstler Shūji Mizudome mit der Bitte um eine Lösung, die nicht mit der Tradition brechen, sondern sie weiterentwickeln sollte, und das alles auf engem Raum.

Mizudome ist nicht nur Garten-, sondern auch Installations- und Videokünstler; er wählte Pflanzen, die den Garten lebendiger werden lassen, und konzentrierte dabei gleichzeitig seine Aufmerksamkeit auf den Pfad. Trittsteine auf einem Meer aus Kies oder Sand entsprechen der Tradition, doch er empfindet ihre Erscheinung als zu schwer für Menschen, die wie seine Klientin unter den Einflüssen westlichen und modernen japanischen Designs aufwuchsen. Er beschloss, den Pfad vom Teeraum zum Tor eine Entwicklung von »gewichtiger« Tradition zu »leichter« Moderne durchlaufen zu lassen, um so die Entwicklung der japanischen Kultur zu symbolisieren.

Einer der bedeutsamsten Trittsteine auf dem Teepfad ist der große Stein direkt vor der Schiebetür. Dort liegt er verbindend auf dem Kies und dem *tataki*, einem Sockel, der um das ganze Haus läuft, und wird als *kutsunugi-ishi* bezeichnet – wörtlich »der Stein, wo die Schuhe abgestreift werden«. Hier hielt sich Mizudome streng an die Tradition und wählte einen als *kurama-ishi* bezeichneten Granit, der sich durch seine schuppige Oberfläche und den von einem hohen Eisengehalt herrührenden braunen Farbton auszeichnet. Abweichend von der Tradition sind die zwei nächsten Steine recht gewöhnlich – sie stammen aus dem üblichen Gartenbedarfshandel und leiten zu Mizudomes eigener Kreation über.

Diese besteht aus einer speziellen, mit kleineren Steinen und grünen Kieseln besetzten Zementmischung. Die Sorgfalt und Mühe, die in sie investiert wurden, sind bezeichnend. Mizudome ging es nicht nur um die Textur, sondern auch um Farbe und Tönung, und sein Künstlerauge empfand regulären Zement als zu grell. Durch Experimentieren fand er eine Mischung, deren Farbe durch gemahlenen verwitterten *masago*-Granit passend gemildert ist. Darin arrangierte er braune Granitsteine, deren Oberfläche optisch weicher ist als der kräftige *kurama-ishi* am Eingang zum Teeraum, und geschwungene Muster aus hochkant gesetzten grünen Flusskieseln aus Ryokkaseki. Sie repräsentieren in seinem Design die Musik. Die beiden unterschiedlichen Steinarten wurden zunächst vollständig in die Oberfläche des Zements eingebettet; später wurde der halb abgebundene Zement ausgewaschen, so dass die Schmucksteine gleichmäßig hervorstehen.

Bevor Mizudome mit seiner Arbeit begann, enthielt der Garten bereits einen fünfzigjährigen Fächerahorn *(Acer palmatum)*, welcher der Eigentümerin besonders am Herzen lag; diesen ergänzte er überwiegend durch Laubbäume, wobei wenige Immergrüne für ein abwechslungsreicheres Bild sorgen. Für einen kleinen, nach Süden gelegenen Garten wie diesen empfehlen sich grundsätzlich Laubgehölze, die im Winter einen guten Lichteinfall ermöglichen und in den heißen Sommern Japans Schatten spenden. Einer der neuen Bäume ist ein »Vollmond«-Ahorn *(Acer japonicum)* mit heller graublauer Rinde und großen Blättern, ein anderer eine Eberesche *(Sorbus aucuparia)*, die sich im Sommer mit weißen Blüten schmückt.

Glatte grüne Kiesel, die in Kurven und Parabeln um die größeren Granitsteine laufen, lassen ein interessantes Muster entstehen. Für den Designer des Gartens symbolisieren sie Musiknoten.

Die Abfolge von Trittsteinen, die von dem Gartentor (vom Betrachter aus links) zu dem hinter *shōji*-Gleittüren verborgenen Teeraum führen, ist das zentrale Gestaltungselement dieses kleinen Gartens. Mizudome verwendete drei vollkommen unterschiedliche Arten: einen einzelnen traditionellen, kostspieligen Stein direkt vor dem Teeraum, der hier in der Sonne glänzt; davor zwei relativ gewöhnliche Steine; im Vordergrund schließlich seine eigene Kreation – braune Granitsteine und grüne Kiesel, die er in einen extra zu diesem Zweck ersonnenen Zement setzte.

Der Garten ist konzipiert, um dynamisch erfahren zu werden, und dieser Prozess beginnt mit dem Weg, der an der schmalen Tür von dem Vorbau seinen Anfang nimmt. Selbst dieser erste Einblick ist streng komponiert. Die Anordnung der rechteckigen Platten, aus denen der Weg sich zusammensetzt, dient als bewusster Kontrapunkt zu dem Rahmen, den die Wände und der Dachüberstand dahinter bilden; der Baum zur Rechten fügt sich sauber in die verbleibende Lücke.

Da der Besitz sich aus zwei unterschiedlich hoch gelegenen Grundstücken zusammensetzt, konnte der Designer auf dem verbindenden Hang eine Szene entwerfen, die den Blick vom Wohnzimmer vollständig ausfüllt. Die Komposition ist vertikal angeordnet, beginnend mit der Traufrinne mit Steinen und Dachziegeln, über einen breiten Streifen Moos bis zu dem großen Felsbrocken und schließlich der Außenwand des Studios.

Prolog für einen Maler

Entwurf: Atsushi Akenuki

Der in Kyoto ansässige Gartendesigner Atsushi Akenuki ist ein bescheidener Mann mit einem beachtlichen Ruf. Ihn wählte der Architekt I. M. Pei als Designer für den Garten des 1996 eröffneten Miho-Museums in der Präfektur Shiga und in Kyoto obliegt ihm die Verantwortung für den Garten von Japans bekanntestem *ryokan*, dem traditionellen Tawaraya-Gasthof. Kyoto betrachtet sich mit einiger Berechtigung als Urquell japanischer Kultur, eine Einstellung, die in anderen Landesteilen zu Unmut Veranlassung gibt. Jedoch ist dies der Ort, wo die Künste – und nicht zuletzt die Gartenkunst – reger gedeihen als anderswo. Diese Stadt zeichnet sich durch die stärkste Konzentration von Tempelgärten aus, darunter der berühmteste von allen, Ryōan-ji; und selbst im weltlichen Bereich nehmen die Menschen hier ihre Gärten sehr ernst.

So ernst übrigens, dass es einen regelrechten Aufruhr und internationale Presseberichte provozierte, als im Jahr 2000 ein Nachbar des berühmten Tawaraya-Gasthofs beschloss, direkt daneben einen mehrstöckigen Apartmentbau zu errichten. Für den friedlichen, reizvollen Garten, auf den die Gästezimmer des Gasthofs hinausgehen, war dies so ziemlich das Gegenteil von *shakkei*, dem »geborgten Blick« (vgl. Seite 34–39) – hier wurde man seines Blickes beraubt, und was noch schlimmer war, die neuen Anwohner erhielten Einblick in das berühmte und teure Gasthaus. Für Akenuki galt es, dieses Problem zu lösen. Seine lakonische Antwort: »Ich pflanzte einige hohe Bäume«.

Eine andere Institution in Kyoto ist der Maler Akira Kaho (1982 mit Japans Kunstpreis, dem Nihon Geijutsu Taisho, ausgezeichnet), und dieser bat Akenuki einen Garten für sein Haus zu entwerfen, der seiner Arbeit förderlich wäre. Kaho, den man als »neuen Traditionalisten« bezeichnen könnte, spricht sich für eine Neubewertung der oft als zu unbeugsam und kopflastig abgelehnten japanischen Traditionen aus. Er liebt weder die seiner Ansicht nach gekünstelte Postmoderne noch den Modernismus; statt dessen zieht es Kaho vor, moderne Inspiration aus fundamentalen Grundlagen japanischer Kunst zu schöpfen. Dies schließt naturgemäß die Gartenkunst mit ein.

Das vom Hausherrn meistgeschätzte Gartenobjekt ist dieser flache Felsen mit einer einzigartigen Oberfläche, hier vom Studioeingang gesehen. Da der Stein als Inspiration gedacht ist, musste er hier, direkt gegenüber dem Studio, platziert werden; jedoch war es dazu notwendig, die Mauer dahinter umzusetzen.

Winzige Rinnen durchziehen die Steinoberfläche; sie sind das Resultat von selektiver Erosion und der Grund für seine Seltenheit. In der Präfektur Tottori, der einzigen Gegend Japans, wo dieser Stein natürlich vorkommt, erzählt man sich die Legende von einem Insekt, das sich durch seine Oberfläche frisst.

Im hintersten Gartenteil befindet sich ein unregelmäßig geformtes *tsukubai,* ein niedriges Wasserbecken, das dem symbolischen Waschen von Händen und Gesicht als Vorbereitung zur Teezeremonie dient. Ein solcher Moosüberzug entsteht nur über viele Jahre; er wird ausgesprochen geschätzt, da er dem Garten Charakter und ehrwürdiges Aussehen verleiht.

Kahos Domizil erstreckt sich über zwei Grundstücke unterschiedlicher Höhe; um sich besser auf seine Malerei konzentrieren zu können, wollte er sein Studio vom Wohnbereich getrennt halten. Außerdem gefiel ihm der Gedanke, den Weg in sein Studio durch einen Garten anzutreten, wobei ihn der kurze Gang an der frischen Luft auf den Arbeitstag einstimmen sollte – auf die gleiche Weise wie ein Teegarten, der die Gäste innerlich auf die Teezeremonie vorbereitet (wie zum Beispiel Kishō Kurakawas Garten in Tokio; Seite 50–53).

In den örtlichen Gegebenheiten, die den Gartenbereich auf einem kurzen steilen Abhang ansiedeln, erkannte Akenuki die Gelegenheit für zwei »Gartenerfahrungen«. Die eine ist der Gang zum Studio – das Ritual des Hinübergehens –, die zweite der gerahmte Ausblick vom Wohnzimmer. Dieser gerahmte Blick sollte sich durch eine Besonderheit von der üblichen Gestaltung unterscheiden – durch eine vertikale Anordnung in Kombination mit der richtigen Bepflanzung erübrigte sich der Blick auf den Himmel. Als Maler wusste Kaho diese rahmenfüllende Idee zu schätzen, hatte jedoch gleichzeitig eine eigene feste Meinung dazu. »Durch seinen ständigen Wandel ist ein Garten nicht dasselbe wie ein Gemälde. Gleichzeitig jedoch sollte er von der klaren Aufrichtigkeit eines *sumi*-Tuschebildes sein. Ein Garten kann mitunter zu wortreich sein. Wie bei dem *sumi*-Bild gilt es zu subtrahieren, nicht hinzuzufügen, und so die Vorstellungskraft anzuregen.«

Einfühlsam legte Akenuki in dem Fensterausschnitt einen Garten voller Finessen an. Ein riesiger dunkler Fels»tisch« gründet die Komposition, während ein zehn Zentimeter dicker Moosteppich aus *sugigoke*, dem Braunfilzigen Haarmützenmoos *(Polytrichum juniperinum)*, in künstlerischem wie wörtlichem Sinne den Hintergrund ausfüllt. Er setzte drei Arten von Ahorn: *yamamomiji* oder Bergfächerahorn *(Acer matsumurae), nomuramomiji (Acer amoenum)*, dessen Laub seine purpurrote Farbe die ganze Vegetationsperiode hindurch hält, und *ichigyōji momiji (Acer palmatum)*, einen Fächerahorn, der sich durch leuchtend gelbes Herbstlaub auszeichnet.

Auf den Gartenblick vom Haus folgt der Gang ins Studio, zunächst durch eine überdachte Passage, hinter der sich bereits Baumstämme und Stufen zeigen, und dann durch den Hanggarten, der sich hier aus einem anderen Blickwinkel zeigt. Kaho legt diesen Weg gern in traditionellen japanischen Holzpantinen, den *geta*, zurück, was Akenuki berücksichtigte, indem er das Haus mit einem speziellen *tataki* aus einem stärker federnden und weniger hallenden Belag als Beton umgab. Bei Nachforschungen in alten Grabhügeln stieß der Architekt auf diese besondere Mischung aus roter Erde, Sole und Kalk.

Das i-Tüpfelchen war etwas, worauf sich Kaho bereits zwanzig Jahre gedulden musste: ein prachtvoller, einmaliger schwarzer Stein aus der Präfektur Tottori. *Sajiishi* genannt, zeichnet er sich durch sein charakteristisches Erosionsmuster aus, das seine flache Oberfläche in ein Labyrinth tiefer Rinnen verwandelt. Selbst für eine natursteinbegeisterte Nation war dies mit zwanzig Millionen Yen (circa 170.000 €) eine extravagante Ausgabe. »Solch ein Stein ist für mich wie eine schöne Frau«, sagt Kaho. »Und nun sagen meine Freunde: ›Nun, endlich hast du deine Geisha.‹«

Fiberglashain

Entwurf: Makato Sei Watanabe

Kissenförmige Keramikabgüsse von vier minimal unterschiedlichen Formen wurden in der Anlage zu einer teils organischen, teils künstlichen, zufällig strukturierten Oberfläche verlegt. Kohlefaser-Stäbe wurden in dieses Hochrelief aus Kacheln «eingepflanzt«.

Die Kohlefaser-Stäbe sind die Weiterentwicklung einer früheren Installation in einem Garten in der Präfektur Gifu. Solarzellen an ihrer Spitze speichern tagsüber Sonnenenergie, um diese bei Nacht durch erst vor kurzem entwickelte Dioden als blaues Licht freizusetzen.

Nicht nur symbolisieren die Kohlefaser-Stäbe die Unterwelt der Röhren und Rohre, die das Thema des Museums ist, sondern sie stellen laut Watanabe außerdem «eine Schnittstelle« dar, «die das massive, reglose Gebäude mit der in stetigem Wandel befindlichen Natur verbindet – ein Zeremoniell der Balance.«

Der Ausbau der Tokioter Bucht war als eines der ehrgeizigsten Landgewinnungsprojekte moderner Stadtplanung konzipiert. Die Anfänge trafen mit dem Höhepunkt der ökonomischen Seifenblase Japans zusammen; der Bau der Infrastruktur war fast abgeschlossen und die Hochbauten in Planung, als zu Beginn der 90er Jahre die schlimmste Rezession seit dem Ende des Zweiten Weltkriegs das Land traf. Was als riesiger neuer Geschäftsbezirk geplant war, liegt seit einer ganzen Dekade auf dem Papier in der Schublade.

Einer der Grundbausteine der Infrastruktur, der fertiggestellt war, bevor die Seifenblase platzte, ist das riesige kommunale Tunnelsystem, das die Energieversorgung, Informationsübermittlung und Entsorgungsrohre beherbergt. Es ist das größte seiner Art in Japan und kostete nicht weniger als ein Atomkraftwerk. Der Architekt Makato sei Watanabe erhielt den Auftrag, ein K-Museum zu entwerfen, welches dieses System der Öffentlichkeit vorführen sollte. Seit dem frühen siebzehnten Jahrhundert, als das Dorf Edo (das heutige Tokio) zum Sitz der Shogunatsregierung wurde, betrieb man hier eine stetige Landgewinnung; was Watanabe scherzhaft als Tokios »Grenzgebiet« bezeichnet, ist eine technologisch hochentwickelte Stätte.

Die grundsätzliche Frage, die sich stellte, war, welche Art von Kunstwerk und was für ein Bau dieser neuen »Grenze« gerecht würde – einem Bereich, der, wie Watanabe es formuliert, »bar jeder Identität ist, ohne vorhandenes Stadtbild als Bezug, ohne kulturelles Erbe, das zu bewahren wäre, ohne Natur, die respektiert werden will, und ohne eine vorhersehbare Zukunft«. Licht und Bewegung waren in seinen Augen die Antwort. »Dies ist neugewonnenes Land, es war einmal Meer; man kann sehen und hören, wie die Wellen dort unten die Stufen umspülen, die zum Museum hinaufführen.« Das Museum selbst ist ein kleiner und doch dynamischer Bau; es setzt sich aus quaderförmigen Einheiten zusammen, die den Boden nur teilweise berühren, und wirkt ein wenig wie ein Gefährt »im Augenblick des Abflugs oder aber der Landung nach einem langen Flug«, wie es der Architekt ausdrückt.

Watanabe beschloss, die kantige Dynamik durch eine sanft geschwungene Topographie zu kompensieren, die an Wasser und Wind erinnert, die vorherrschenden Naturphänomene der Bucht; jetzt sollten ganz moderne Materialien zum Einsatz kommen. Stein und Kacheln bedecken die dreidimensional geschwungene bewegte Gartenfläche. Polierter schwarzer Granit wurde zu diesem Zweck zu passgenauen Blöcken geschnitten und mit einer komplex geschwungenen Oberfläche versehen. Diese dreidimensionalen Granitformen stellte Watanabe mit Hilfe einer computergesteuerten Fräse her, welche drei Oberflächenversionen erzeugte, die schließlich willkürlich zu einer Wogengestalt zusammengesetzt wurden. Diese Woge aus schwarzem Granit umgibt eine zweite bewegte Fläche von kleinen, kissenartigen Keramikkacheln aus vier unterschiedlichen Gussformen, die ebenfalls zufällig zusammengesetzt wurden.

Um seiner Kreation Leben einzuhauchen und einen gewissen Eindruck von Natur zu vermitteln, griff der Architekt auf ein früheres Experiment zurück, das er bei dem ländlichen Mura-no Terrace, in der Präfektur Gifu, ausgeführt hatte. Er hatte dort neben einer grasbewachsenen Terrasse einen Wald aus hohen Kohlefaserstäben »gepflanzt«, eine Anspielung auf die Ankunft von Fiberoptik und Breitwandfernsehen in dieser Siedlung, wo nach seinen Worten »die Menschen mit Hilfe des High-Tech ein bequemes Leben inmitten wunderschöner Natur genießen.« Beim K-Museum ist die Situation anders, denn an der Tokioter Bucht gibt es keine schöne Natur, doch Watanabe fand einen neuen Nutzen für die dünnen, flexiblen Stäbe, von denen die meisten etwa drei Meter lang sind. »Touching the Wind« ist eine »Umweltskulptur«; die Wellenbewegungen der Leuchtstäbe »sind mit dünnen Silberstreifen gezeichnet, die scheinbar im Wind tanzen«. In einem imposanten Schauspiel scheint das stark richtungsbetonte Gebäude hinter den wogenden, schwankenden Stäben auf einem Meer aus schwarzem Stein und Kacheln zu treiben.

☽

Einen ungewöhnlichen Anblick bietet dieser traditionelle *kutsunugi-ishi*, der »Stein, wo die Schuhe abgestreift werden«, vor modernen Gleittüren. Am Rande der Terrasse vor dem modernen Wohnungsteil bildet er den Anfang des Wegs in den Garten.

☾

Von der nächsthöheren Etage wird deutlich, wie geschützt dieser Garten in luftiger Höhe unter seinem dichten Blätterdach von Bäumen und Sträuchern liegt; der Garten nimmt den größten Teil der im elften Stock des Apartmenthauses gelegenen Dachterrasse ein und stellt eine vollkommen unerwartete Oase in diesem geschäftigen, hoch bebauten Bezirk Tokios dar.

Refugium über der Stadt

Entwurf: Kishō Kurokawa

Das Konzept des Teegartens ist dem japanischen Konzept des *shakkei* – dem Einfangen einer fernen Landschaft in der Rahmengebung des privaten Gartens – diametral entgegengesetzt, denn aus diesem werden alle äußeren Eindrücke ganz bewusst ausgeschlossen. Innerhalb der Teezeremonie spielt die Annäherung durch einen besonders gestalteten Garten eine grundlegende Rolle für die Vorbereitung und Einstimmung der Gäste. Als Sen-no-Rikyū (1522–1591) im sechzehnten Jahrhundert die Teezeremonie entwarf, hatte er gewiss nicht eine solch störende Umgebung vor Augen wie die moderne japanische Großstadt, doch die Bedeutung des *cha niwa (cha* heißt Tee; *niwa* heißt Garten) erlangt in einer derartigen Umgebung fraglos ein um so größeres Gewicht. Die Absicht des Designers und Eigentümers der hier vorgestellten Enklave kontemplativer Ruhe, hoch über dem Lärm und Getriebe der Tokioter Innenstadt, ist jedenfalls unverkennbar.

Kishō Kurokawa, einer der führenden Architekten des Landes, zu dessen Arbeiten das Hiroshima City Museum of Modern Art zählt, schuf für seine Wohnung in dem innerstädtischen Geschäfts- und Vergnügungsviertel Akasaka ein Gegenmittel zu dem lagebedingten geschäftigen Chaos. Das im elften Stock gelegene Apartment ist geräumig und verfügt außerdem über eine tiefe Terrasse. Wo andere Menschen die gesamte Fläche vielleicht als offenen Partybereich nutzen würden, folgte Kurokawa dem Pfad des Tees. Das Apartment ist in zwei Teile gegliedert, der eine ein moderner Wohnbereich, der andere eher traditionell. Hier befindet sich der Teeraum und die Terrasse stellt die Verbindung her. Der Weg in und durch den Garten nimmt im Wohnzimmer seinen Anfang und ist um so wirkungsvoller in seinem Verlauf, als der erste Blick durch die Schiebetüren des Wohnzimmers auf die überwältigend urbane Skyline der benachbarten Hochhäuser fällt.

Direkt vor der Terrassentür ist ein traditioneller großer Trittstein platziert; von hier überqueren die Gäste den offenen Teil der Terrasse zu einem schmalen Pfad, den eine schlichte Bambusreihe säumt. Dieses ist der äußere *roji* oder »Taugrund«, der die Verbindung von der Außenwelt zum eigentlichen Teegarten herstellt. Ein einfaches Tor öffnet sich auf einen kompakten, dicht bepflanzten und ein wenig verwirrenden Gartenbereich voller Kiefern und Sträucher, durch den ein Pfad aus natürlichen Trittsteinen über Erde und Moos zu einem Kiesbeet

Über einen Pfad und Trittsteine gelangt der Besucher von dem modernen Teil des Apartments zum Eingang zu den traditionellen Räumen, worunter auch ein der Teezeremonie gewidmeter Raum ist. Der Blick von hier in den angrenzenden Teegarten offenbart dem Gast ein Bild vollkommener Abgeschiedenheit – ein völliger Kontrast zu dem Blick auf das Großstadttreiben, der sich von dem anderen Wohnungsteil zeigt.

Zu den unverzichtbaren Komponenten eines Teegartens zählt das *tsukubai*, ein Wasserbecken für die Reinigung von Händen und Mund. Es dient den Gästen bei der symbolischen Waschung, die an die buddhistischen Ursprünge der Teezeremonie erinnert.

direkt vor dem Teeraum führt: der innere *roji*. Zwischen den Sträuchern steht eine *tōro*-Laterne aus Stein, denn auch nachts finden manchmal Teezeremonien statt, und davor rinnt aus einem Bambusrohr Wasser in ein niedriges Schöpfbecken aus Stein. Dieses Becken, *tsukubai*, gibt den Gästen Gelegenheit, in einer symbolischen Reinigung die Hände zu waschen und den Mund auszuspülen. Diese Schöpfbecken sind so niedrig, dass der Gast in einer Geste der Demut in die Hocke gehen muss. Selbst dieser kurze Weg fängt das Ritual des Hinübergehens ein, der Annäherung an einen besonderen Ort.

Dieser hoch über der Stadt gelegene Teegarten ist tatsächlich ein Garten in dritter Generation. Er ist die Neuschöpfung des einst zum Iwashimizuhachimangū-Schrein gehörigen Gartens Kanunken im Süden Kyotos, der verloren ging, als der Schrein 1773 von Feuer zerstört wurde. Selbst dieser Garten war nicht das Original, sondern selbst eine Kopie des als Shōsuitei bekannten Gartens, den der berühmte Teemeister Enshu Kobori (1579–1647) für eine Residenz in Kyoto anlegte. Kurokawa gab seinem Nachfahren von Koboris Garten den Namen Yuishikian.

Die größte Überraschung erfährt man, wendet man sich am Eingang zum Teeraum noch einmal zurückblickend um. Sämtliche Hinweise auf die Stadt sind hinter dem dicht bepflanzten Garten, der etwas höher liegt als die Tür, verschwunden. Kobori war der zweite Nachfolger des großen Sen-no-Rikyū als Teemeister der Tokugawa-Shogune; er brachte eine gewisse Eleganz in die Ästhetik der Armut und Zurückhaltung seines Vorgängers ein. Dies wird in dem dichten, kontrollierten Arrangement aus Bäumen und Sträuchern sichtbar, von denen manche beschnitten und geformt sind.

In einer alten Darstellung der Lehren der frühen Teemeister ist der Garten ein natürliches Reich von Bäumen und Felsen, das für die geistige Läuterung fern aller weltlicher Unreinheit steht. Hier, hoch über dem modernen Tokio am Beginn des einundzwanzigsten Jahrhunderts, ist diese Wirkung gewiss noch eindrücklicher als vor vielen hundert Jahren.

Der Garten, welcher auf der Grundrisszeichnung die Ecke oben links beansprucht, dient als Verbindung zwischen den beiden Teilen des großen Apartments – dem modernen Wohnbereich (oben rechts) und den traditionellen Räumlichkeiten (unten links). Eine direktere Verbindung für den Alltag schafft ein Korridor.

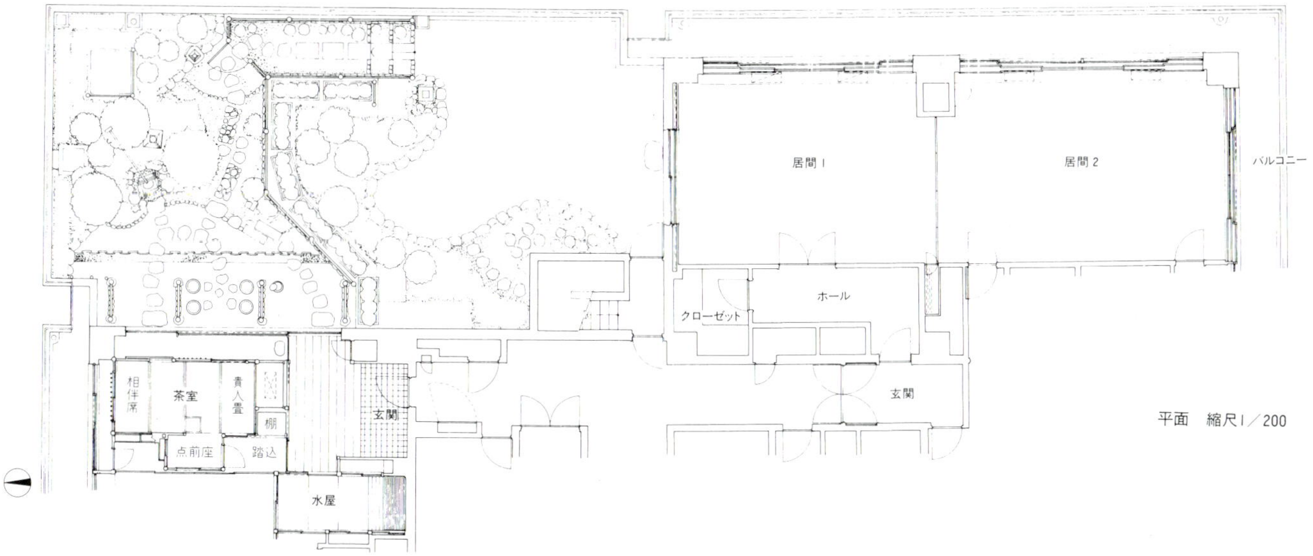

平面　縮尺1／200

Zwischenräume

Entwurf: Yoshiji Takehara

An einem steilen Hang in einem hügeligen Vorort von Osaka befindet sich dieser große Familienwohnsitz; sein Architekt Yoshiji Takehara verwandelte die Hanglage in einen Vorteil, indem er nicht nur die Zimmer, sondern auch die Verkehrsflächen über eine Vielzahl von Ebenen anordnete. Aus diesen Zwischenräumen der zahlreichen Wohnräume setzt sich der Garten zusammen und ihnen ist ein entscheidender Part im Gesamtdesign zugewiesen.

Im Japanischen bezieht sich das Wort *ma* auf räumlichen wie auch zeitlichen Abstand, mit besonderer Relevanz für die Künste; es impliziert eine subtile Wertschätzung der Pause oder des Zwischenraums. So bezeichnet *ma* in der Kabuki-Aufführung das Zögern des Schauspielers, bevor er sich umwendet oder spricht, und in der Kalligraphie das weiße Papier zwischen den Pinselstrichen. Auch in der Architektur spielt das Konzept eine Rolle und ist ein besonderes Anliegen Takeharas, der sagt: »Mir geht es um das, was wir als *ma no kenchiku* bezeichnen, die Architektur mehrdeutiger Zwischenräume.«

Triebfeder seines Interesses ist die Wandlung der Familienform, die sich heute in Japan vor allem in den Beziehungen der Mitglieder zueinander abzeichnet und in der Art, wie das tägliche Zusammenleben abläuft. Diese Veränderungen sind das Resultat verschiedener Faktoren im modernen Stadtleben – sinkende Geburtenraten, Mobilität, Pendlerverkehr, die steigende Abhängigkeit von nahegelegenen Einkaufsmöglichkeiten mit langen Öffnungszeiten. »Die Familien schrumpfen und zersplittern«, sagt Takehara, »und so möchte ich Häuser bauen, die sich durch einen eher kollektiven Stil auszeichnen.« Unter »kollektiv« versteht er eine Alternative zum üblichen geschlossenen, in sich unterteilten Wohnraum inmitten eines Gartens.

Seine Lösung, die zu einem gewissen Grad davon abhängt, dass das Grundstück groß genug ist und mehrere Familienmitglieder zusammenleben, liegt in der Verwendung verbindender Innenhöfe und Gänge als Zwischenräume – *ma* – von Wohnräumen; hierdurch entsteht »eine Wohneinheit, wie sie in früheren japanischen Gemeinschaften existierte«. Takehara glaubt, dass in der modernen Lebensweise etwas verloren gegangen ist – die Kommunikation zwischen Menschen, die sich regelmäßig auf ihrem Weg von einem Gebäude zum nächsten begegnen – und hofft, dass sich diese Art der kommunalen Zusammengehörigkeit durch die Mehrdeutigkeit kleiner Gartenräume wiederbeleben lässt.

Das ist die »Mehrdeutigkeit«, auf die Takehara Bezug nimmt, und sie beginnt gleich am Zugang von der Straße – einer Lücke zwischen zwei Granitmauern, die der bekannte Steinmetz Masatoshi Izumi errichtete. Durch die Verwendung großer Steine am Ende der äußeren Mauer und wesentlich kleinerer für die einen Meter weiter hinten gelegene innere Mauer

›

Den Zugang von der Straße mit seiner abrupten 90-Grad-Biegung zeichnet eine bewusst herbeigeführte Tiefenillusion aus. Die vordere Mauer ist aus größeren Steinen errichtet als die dahinter gelegene, wodurch ihr Abstand – tatsächlich nicht mehr als eine einfache Wegbreite – viel größer erscheint, als er tatsächlich ist.

‹

Den Besucher erwarten weitere Wegbiegungen mit interessanten Ansichten. Von der Straße führt der Weg durch eine dunkle Passage in einen Bereich, der die Funktionen eines Innenhofs und eines Treppenschachts kombiniert. Hier symbolisieren drei in Holzverschalungen gegossene Betonpfeiler Baumstämme.

Nur über eine gewundene Folge von Durchgängen ist der moderne Teeraum zu erreichen, ein ruhiger, versteckt gelegener Raum. Bei geöffneten Gleittüren fällt der Blick in einen kleinen, von Betonmauern geschützten Garten mit *mosodake*, einem hohen Bambus *(Phyllostachys pubescens)*.

Den Wuchs des *mosodake* steuert ein waagerecht in Kopfhöhe angebrachtes Gerüst aus Bambusstangen. So wird die junge Pflanze in jene gleichförmig vertikale Wuchsrichtung dirigiert, die für ihre Verwendung im japanischen Garten charakteristisch ist.

lassen Izumi und Takehara eine perspektivische Illusion von Tiefe entstehen. Der offene Weg taucht in einen kurzen dunklen Durchgang ein, bevor er sich auf einen entschieden mehrdeutigen Raum öffnet – einen Innenhof aus Stein und Beton am Grunde eines tiefen Schachtes, in dessen Winkel bei der Haupttreppe zur oberen Wohnebene ein *yamabōshi*-Hartriegel *(Cornus kousa)* steht. Doch der Weg führt in zwei entgegengesetzte Richtungen: nach links zur Treppe und nach rechts durch eine merkwürdige enge Passage, die unvermittelt in einem Innenhof mit grünem Bambus endet.

Auf der oberen Ebene, zu der man über die Haupttreppe gelangt, vermittelt eine Folge von Wegen und Terrassen ein anderes, lichteres Raumgefühl. Von manchen Wegen fällt der Blick hinab auf Bäume und Pflanzen, die mitunter überraschend in einem Winkel stehen. »Mit diesen kleinen Zwischenräumen und der Vielzahl der Wege mache ich aus dem Haus einen angenehmeren Wohnraum. An einer Biegung wird ein Baum sichtbar, an einer anderen ein Steinbeet, dann wieder eine Bambusgruppe.« Immer neue Eindrücke von unterschiedlichen Pflanzen und Steinen halten das Interesse wach, während Anzahl und Vielfalt dieser kleinen Gartenräume das Anwesen viel geräumiger erscheinen lassen, als es tatsächlich ist.

Diese Verbundenheit untereinander ist ein Hauptcharakteristikum des Hauses, doch Takehara hat die statische Wirkung des einzelnen Raums darüber nicht vernachlässigt. Sorgfältig ausgearbeitete Sichtlinien geben jedem Fenster einen Blick ins Grüne. Der Teeraum schaut auf eine Bambusgruppe, Küche und Speisezimmer blicken auf denselben Bambus herab und gleichzeitig hinüber zu einem *toneriko*, einer Japanischen Esche *(Fraxinus japonica)*, die ganz allein aus einem winzigen Erdloch an einem steilen Betonhang ragt. Der Garten mag nach Zufall aufgeteilt erscheinen, doch diese komplexe Gruppierung verzahnter Räume lässt keinen Ort ohne ein wenig Grün.

Die unregelmäßige Anordnung der Räume in den oberen Etagen lässt winzige offene Bereiche entstehen, wie auch diesen freien Winkel. Betonierte Schrägen füllen die Freiräume, und in jede ist ein Baum gepflanzt. Auf einer gedeiht diese kleine, vom Speisezimmer aus sichtbare Esche.

Die Außenbepflanzung wurde zur gleichen Zeit wie der Bauplan konzipiert und in das Hausdesign integriert. Eine Scheinkamelie *(Stewartia pseudocamellia)* nimmt einen aus dem Gebäude ausgesparten Winkel ein, und niedrige Azaleen säumen die mit Wellblech verkleidete Seitenwand. Beide Pflanzen wurden gewählt, weil sie den Konturen des Hauses die Strenge nehmen.

Über alle drei Etagen sind die Räume ein Stück von der Außenmauer zurückversetzt; hierdurch entstand ein schmaler Lichtschacht, den ein geneigtes Dachfenster auf ganzer Länge überdacht. Vom Treppenabsatz in der ersten Etage fällt der Blick auf den haushoch aufragenden *moso*-Bambus *(Phyllostachys pubescens)*.

Vertikale mit Bambus

Entwurf: Denso Sugiura

In den wenigen Jahren seit 1995 hat sich Denso Sugiura mit seinen einzigartigen Lösungsansätzen angesichts eines der dringendsten Bedürfnisse Tokios einen Namen gemacht – dem Entwurf von Wohnraum auf winzigsten Grundstücken. Selbst für japanische Verhältnisse sind die Flächen, die er sich vornimmt, gelinde gesagt beengt; bei durchschnittlich dreißig Quadratmetern wären sie einer amerikanischen Garage angemessen. Solche Grundstücke sind keineswegs ungewöhnlich, doch die übliche Umsetzung ist weit von einem Traumhaus entfernt. Sugiuras Klientel jedoch stellt höhere Ansprüche; zu ihr zählen hauptsächlich junge Fachleute aus der Medien- und Werbebranche und Ehepaare im Ruhestand, die einen attraktiven Stadtwohnsitz wünschen.

Was Sugiura als seine *Chitchana* (Winzige Häuser) bezeichnet, und von diesen existieren inzwischen fünfzehn, zeichnet sich durch eine Reihe von Leitmotiven aus, doch handelt es sich ganz und gar nicht um Häuser nach ›Schema F‹. Die Senkrechte ist als Hauptthema selbstverständlich vorgegeben, doch was die Serie so besonders erfolgreich macht, ist die konsequente, scheinbar großzügige Zuweisung von Gartenraum. Natürlich muss jede nicht auf praktischen Nutzen bedachte Verwendung von derart knappem Raum großzügig erscheinen, doch in Sugiuras Interpretation wird die Lebensqualität im Gebäude dadurch gesteigert, dass er ein wenig Raum an die Natur »verschwendet«. »Als die japanische Wirtschaft in den Achtzigern ihren Höhenflug erlebte, war die allgemeine Reaktion der Menschen auf die ansteigenden Bodenpreise die Ausnutzung jedes Quadratzentimeters bei größtmöglicher Anzahl von Räumen. Die Bodenpreise sind selbst in unserer lang anhaltenden Rezession noch hoch, doch manche Leute – oder zumindest meine Klienten – erkennen, welch große Bedeutung ein Gartenraum für ihr eigenes Wohlbefinden hat.«

Er fährt fort: »Selbst wenn man den zur Verfügung stehenden Raum mit Fußboden auslegte, kann man doch immer nur an einer Stelle sein, und das Gefühl, das die Umgebung vermittelt, ist wichtiger, als auf jedem Zentimeter sitzen zu können. Ich sehe Gartenraum nicht als Luxus an, sondern als notwendiges Gegenmittel für die Zwänge der urbanen Lebensweise.« Der Werbefachmann Takayuki Hoshuyama und seine Frau Naoko, die für eine japanische Luftfahrtgesellschaft tätig ist, rechneten sich aus, dass sie gerade ein Haus von Sugiura auf

Hoher Bambus wirft mittags seinen Schatten auf die strukturierte Oberfläche der Betonmauer. Genau über einem schmalen Beet mit Zwergazaleen befinden sich zwei kleine, teilweise mit Lichtwürfeln gefüllte Öffnungen in Bodennähe. Links ist eine Gleittür zu dem *tatami*-Raum im Erdgeschoss sichtbar.

Die Längsschnittzeichnung zeigt den Lichtschacht auf der rechten, südlichen Seite des Hauses und verdeutlicht den Bezug zwischen dem Bambus, der diesen Bereich vollständig ausfüllt, und der Scheinkamelie nahe der Eingangstür.

diesem Eckgrundstück von 41 Quadratmetern in Tokios teurem Wohnbezirk Minato finanzieren könnten. Es mag überraschend sein, dass die Gesamtkosten nicht höher liegen als die einer Wohnung von gleicher Wohnfläche – eine weit weniger attraktive Alternative; der Grund liegt zum großen Teil in Sugiuras Fähigkeit zur Kosteneindämmung und seiner Wahl preiswerter Baumaterialien, wie beispielsweise Streckmetall.

Bei der ersten Besichtigung des Grundstücks war Naoko Hoshuyama jedoch voller Zweifel. »Die Fläche war nicht größer als ein Parkplatz für zwei oder drei Autos – und wir mussten unser eigenes Auto auch noch unterbringen!« Doch drei Tage danach legte Sugiura einen Entwurf vor, der beide begeisterte. Im Mittelpunkt stand ein drei Etagen tiefer Schacht mit hohem Bambus, der von jedem Hausabschnitt aus sichtbar ist. Kleine Binnenhöfe blicken in japanischen und chinesischen Häusern auf eine lange Tradition zurück (siehe Seite 26–29) und sind in einer dichten städtischen Umgebung, die kaum einen schönen Blick nach außen bietet, von immer größerer Relevanz. Und dennoch, der traditionelle *tsubo niwa* hätte mit seinen drei mal drei Metern einen viel zu großen Teil der hier verfügbaren Fläche beansprucht.

Sugiura widmete dem Garten nicht mehr als 2,70 mal 1,20 Meter, ließ ihn aber über die Gesamthöhe des Hauses reichen; mit feiner Ironie bezeichnet er ihn als *shaku-niwa* – *niwa* für »Garten«, *shaku* für ein altes japanisches Längenmaß von 37,8 Zentimetern. Bei einer Höhe von 5,50 Metern hat dieser Westentaschen-Garten tatsächlich ein akzeptables Volumen, doch zwei Aufgaben mussten unbedingt erfüllt werden: Es galt ihn zu füllen und ihn zu jeder Blickrichtung und allen drei Etagen zu öffnen. Da die Besitzer ein besonderes Faible für Bambus haben, war die Wahl der Bepflanzung nicht schwer: *Mosodake (Phyllostachys pubescens)*, eine der höchsten Bambusarten, wurde 1736 für den Park einer prominenten Familie aus China importiert und ist heute weit verbreitet. Er benötigt nur wenig Bodenfläche und zeichnet sich durch seine Fülle von Blättern auf ganzer Länge aus. Eine unterirdische Betonwanne setzt seinem Ausbreitungsdrang Grenzen.

Kritischer war die Zuführung von Sonnenlicht in dem hohen, engen Haus; dabei besteht ein direkter Zusammenhang zur Maximierung der Sichtbarkeit des Bambus. Die längste Außenwand des Gebäudes weist nach Osten, liegt jedoch direkt an einer schmalen Straße ohne Bürgersteig, und so stand hier aus Gründen des Sichtschutzes ein Fenster außer Frage. Stattdessen führte Sugiura Tageslicht von oben, durch den offenen Gartenschacht und ein schräg gestelltes Dachfenster über der Treppe herein. Weiße Innenflächen reflektieren die Sonne, während der Blick durch Glasschiebetüren und die offene Metallkonstruktion der Treppe ungehindert auf den Bambus fällt. Den Außenkonturen werden durch Zwergrhododendren *(satsuki)* und eine japanische Scheinkamelie *(Stewartia pseudocamellia)* bei der Eingangstür die Strenge genommen, die aufgrund ihres glatten rötlichen Stamms ausgewählt wurde.

Der mittlere Teil des hohen Bambus schenkt dem Wohnraum in der ersten Etage einen wohltuenden Blick ins Grüne. Sind die Schiebefenster geöffnet, so lässt ein Schutznetz Luft in den Raum und hält gleichzeitig Insekten fern.

Dank der offenen Treppenkonstruktion fällt der Blick bei geöffneter Haustür bis in den hintersten Hausbereich. Optisches Gegengewicht zu dem in ganzer Länge sichtbaren Bambus ist der rote Stamm der Scheinkamelie im Vordergrund.

Umbauter Baum

Entwurf: Denso Sugiura

In dem vornehmen Aoyama-Viertel, nur wenige Minuten Fußweg von den Modeboutiquen und Straßencafés von Omotesandō entfernt, befindet sich ein weiteres von Sugiuras Miniaturhäusern, das noch stärker auf ein einziges Naturobjekt konzentriert ist – in diesem Fall auf einen *yamabōshi*, einen Blumenhartriegel *(Cornus kousa)* aus dem Bergland. Der Hausherr, Kazuyoshi Asakawa, ergatterte das winzige Grundstück in einer Auktion; es liegt an der Südwestecke eines Wohnkarrees zwischen schmalen Gässchen, die gerade breit genug für ein einziges Auto sind – typisch für diesen Teil der Tokioter Innenstadt. Die Bebauung ist hier so dicht, dass der Nachbar nur wenige Meter entfernt wohnt und kein Raum für öffentliches Grün bleibt.

Asakawa war dennoch sehr auf einen Garten erpicht, oder zumindest auf eine Spur Natur in seinem Haus. Dies war ein Hauptbeweggrund, warum er Sugiura mit dem Design des Wohnraums betraute. »Ich gab ihm eine Liste mit vielen, vielen Forderungen. Dabei waren mir vor allem zwei Dinge wichtig. Erstens, dass wir im Parterre Gäste empfangen wollten – und zwar möglichst in Form einer Gartenparty. Zweitens, dass der Familienbereich sich auf die erste Etage konzentrieren, aber dennoch in den Genuss der Natur kommen sollte.«

Die Maße des Eckgrundstücks betragen 6,70 mal 4,20 Meter, eine Fläche von gerade 28 Quadratmetern. Sugiura schlug vor einen Baum im Haus zu integrieren, der die Erdgeschossdecke durchbricht und die gesamte Höhe des Hauses emporwächst. Asakawa wählte eine wilde Art des *yamabōshi* mit ausgeprägter jahreszeitlicher Variabilität. Die Pflanze wurde nahe der Hausvorderseite in einem kleinen quadratischen Beet inmitten einer Fläche weißer Granitplatten platziert, wo sie von den Wohnbereichen aus besser sichtbar ist. Das Parterre gliedert sich in zwei Abschnitte: den Vorgarten mit Granitplatten und Baum und eine erhöhte Plattform, die sich mit Schiebetüren vollständig abschließen lässt oder aber zur optimalen Raumausnutzung vollkommen offen bleiben kann. Sugiura empfahl die Nutzung des Erdgeschosses nicht festzulegen, sondern offen und flexibel zu lassen. »Auf diese Weise kann es

Die schlanken Stämme des Hartriegels *(Cornus kousa)* stehen im Mittelpunkt dieses kargen, weißen Hofgartens. Die kleinen Statuen aus Stein sind moderne Versionen von *O-jizō san*, einem alten Schutzgeist der Kinder; sie wurden von einem befreundeten Bildhauer geschaffen.

Blick durch den quadratischen Bodenausschnitt des Balkons auf den Garten im Parterre. Die kleine Öffnung hindert den Hartriegel daran, sich zu sehr auszubreiten. Hier und dort sprießen Seitentriebe, die jedoch von Zeit zu Zeit gestutzt werden.

Im Herbst sind die ausgereiften Hartriegelbeeren – hier in ihrem Frühstadium – ein weiterer Blickfang an dem schlanken Baum. Als Hauptzutat für eine kleine Menge Likör haben sie außerdem einen praktischen Nutzen.

Skizzierter Blick aus dem Parterre in den Garten (links), der sich bei einer Party als Erweiterung des Innenraums nutzen lässt. Die Seitenansicht macht deutlich, wie alle Etagen von dem Hartriegel vor dem Haus profitieren (rechts).

Während der heißen Tokioter Sommer sorgen die Streckmetallumzäunung und die ausgebreiteten Zweige des Baums auf dem Balkon für Kühlung. Die quadratische Umrandung schützt nicht nur den Baum, sondern dient gleichzeitig auch als Sitzbank.

vielen Bedürfnissen dienen. Bei einer so kleinen Fläche ist das die einzig vernünftige Verfahrensweise.« Kommen nur wenige Freunde zu Besuch, so findet das Essen auf der Plattform mit Blick in den fast leeren Gartenraum statt; wird hingegen das ganze Parterre genutzt, so findet eine Gesellschaft mit zwölf Gästen reichlich Platz.

Der Schlüssel zum Erfolg dieses um einen Baum angeordneten Gartens ist Sugiuras einzigartige Außenwand, die er in anderen Häusern in der *Chitchana*-Serie bereits perfektioniert hat. Er verwendet Streckmetall in zwei Maschenstärken, um für die so wichtige Transparenz und Licht zu sorgen. Im engsten Sinne sind diese Paneele nicht die wirklichen Hausmauern, doch sie verwischen die Grenze zwischen Drinnen und Draußen und vermitteln trotz einer gewissen Abgeschlossenheit einen freieren, offeneren Eindruck. Das Weiß leuchtet im Sonnenlicht als ungebrochener Hintergrund, vor dem sich Geäst und Blattwerk des *yamabōshi* abheben. Der Baum ragt durch eine quadratische Öffnung in dem Holzfußboden des Balkons in die erste Etage und wird hier zum Mittelpunkt eines zweiten Gartens, den ebenfalls weißes Streckmetall umschließt.

Natürliche und künstliche Beleuchtung bilden ein wohldurchdachtes Gesamtkonzept, in dem den Streckmetallflächen eine Hauptrolle zukommt. Ihre Durchsichtigkeit hängt von der Tageszeit ab, vom Sonnenstand und der Relation von Tageslicht und Innenbeleuchtung. Die Abstände in der Holzbeplankung des Balkons sind so breit bemessen, dass zur Mittagszeit ein Chiaroscuro von Licht und Schatten auf dem darunter liegenden Gartenboden spielt, während bei Dunkelheit Lichtspots, die in dem quadratischen Balkondurchbruch montiert sind, die Baumstämme hervorheben und wiederum andere die Streckmetallwände aufleuchten lassen.

Im ersten Stock geben Falttüren die gesamte Längsseite des Balkons frei; das Deck schließt übergangslos an den Hauptwohnraum an, so dass die zwei Bereiche nahtlos ineinander fließen. Den Baum rahmt eine Holzbank, die bei gutem Wetter in die Sitzgruppe mit einbezogen wird. Der quadratische Ausschnitt und die Bank haben überdies die Funktion, den Baum in die Vertikale zu dirigieren; in dieser oberen Etage wird seine breit ausladende, zu jeder Jahreszeit wechselnde Schönheit sichtbar. Asakawa sagt: »Ich liebe diesen *yamabōshi*-Baum. Im Frühjahr trägt er zauberhafte Knospen, ihnen folgen im Mai und Juni weiße Blüten. Während des Sommers spenden die Blätter reichlich Schatten und wenn es Herbst wird, werden sie rotbraun und der Baum trägt Beeren.« Diese bieten mehr als nur einen schönen Anblick – aus ihnen bereitet er selbstgemachten Beerenlikör.

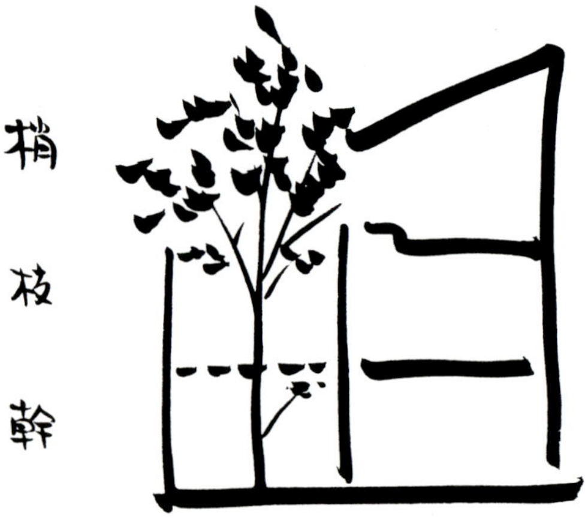

Kirschblütenbetrachtung

Entwurf: Kosuke Izumi

Dieser Garten in Hino, etwa eineinhalb Bahnstunden von Tokio entfernt, ist ein erstklassiges Beispiel für Reduktion, denn die ganze Gartenanlage ist auf einen einzigen Kirschbaum konzentriert. Nicht wenige Gärtner im Westen finden die traditionelle japanische Vorliebe für Schlichtheit und Vereinfachung vom Prinzip her bewundernswert, doch wenn sie dann auf diese oder jene Pflanzen verzichten sollen, bleiben nur Einzelne konsequent. Eine Spur von Schmucklosigkeit und Selbstversagung lässt sich nicht leugnen. Bei diesem Beispiel ist die Beschränkung auf einen einzigen Blickpunkt noch extremer, da sich in Japan beim Kirschbaum alles um die Blüte dreht und deren Höhepunkt auf wenige Tage im Jahr beschränkt ist. Die Sitte des *hanami*, der »Kirschblütenbetrachtung«, ist ein nationales Ritual, eine Feier des Frühlingssymbols.

Tatsächlich dient in Japan diese Konzentration auf ein einziges zentrales Natursymbol der Steigerung seiner Würdigung. Zu dem Erlebnis zählt nicht nur die Freude an dem Baum in voller Blüte, sondern ebenso die wachsende Spannung bis Anfang April und die nachfolgende Reflexion, wenn eine Blüte nach der anderen auf die schwarzen Kiesel herabfällt. Dies bedeutet natürlich nicht, dass der Garten das übrige Jahr unersprießlich wäre – nur dass der Frühling einen Höhepunkt des Genusses darstellt. Ein hoher Ahorn direkt vor dem Haus streckt seine Äste über die Mauer und erfreut im Herbst mit seinem Laub, das sich von grün zu rot verfärbt. Auch diese Blätter fallen schließlich auf die Kiesel herab.

In einem Garten, der die Natürlichkeit feiert, und sei es auf noch so sparsame Weise, kommt dem Baum eine zentrale Rolle zu. Der Architekt Kosuke Izumi ist in Japan wohlbekannt als einer der Befürworter der Rückkehr zur Verwendung natürlicher Materialien, für die er in Vorträgen und Veröffentlichungen wirbt. Die Hausbesitzer hatten nach dem Besuch eines seiner Vorträge beschlossen, ihn um einen Entwurf für ihr neues Haus zu bitten. Der Name des Hauses, *Doro-ōtsu*, bezieht sich auf eine traditionelle Lehmputztechnik, bei der dem Bewurf Kalk beigemengt wird. Der Kalk festigt den Berapp und hellt ihn auf, und Izumi wollte diese Tradition gern in einem Neubau wiederbeleben. Hier bestimmt der Bewurf die Tonart eines zwar zurückhaltenden, doch lichtdurchfluteten Gartens.

Einige bestimmende Designelemente des Hauses sind darauf ausgelegt, die Freude an dem Garten zu steigern, der nur schrittweise dem Blick freigegeben wird. Beim Betreten des Hauses erblickt der Besucher als Erstes diese niedrige Öffnung, durch die lediglich ein schwarzes Kiesbeet sichtbar ist.

Die äußerst eingeschränkte Perspektive dieser niedrigen Öffnung macht es fast unmöglich, der Versuchung zu widerstehen, auf die Knie zu fallen und hindurchzuschauen. Hierbei wird der größte Teil der Gartenfläche sichtbar, doch der Kirschbaum ist noch immer nur teilweise zu sehen.

Schreitet der Besucher den Korridor entlang, so bemerkt er eine Reihe kreisrunder Löcher in Augenhöhe. Sie durchbohren die dicke Mauer und rahmen jeweils einen winzigen Ausschnitt des blühenden Kirschbaums. Im Kopf des Besuchers verbinden diese sich dann mit dem Blick durch die oben abgebildete niedrige Öffnung zu einer geistigen Vorstellung von dem Baum, bevor jener gänzlich zu sehen ist.

☽
Erst durch das Wohnzimmerfenster zeigt sich die Kirschblüte im April in ihrer ganzen Pracht, nachdem sich auf dem Weg durch den Korridor die Vorfreude immer weiter gesteigert hat. Die breite, mit schwarzen Kieseln ausgelegte Vertiefung lässt sich innerhalb von etwa zwanzig Minuten in einen Teich verwandeln.

☾
Der Teeraum liegt dem Wohnzimmer auf der anderen Seite des Gartens gegenüber und hat seinen ganz eigenen, geometrischen Blick, der durch das Rastermuster der Wandelemente vorgegeben ist. Hat man den Weg aus quadratischen Trittsteinen überquert, so gelangt man durch den traditionellen »Kriecheingang« (unten rechts im Bild) in den winzigen Raum.

Die traditionelle Traufrinne, die unter dem Dachüberstand rings um den Garten verläuft, verbreitert sich hier, nahe Hauseingang und Kirschbaum, zu einem Kiesteich. Jener ist so konzipiert, dass er sich vollkommen verwandeln lässt: von einem trockenen Kiesbeet in ein seichtes Wasserbecken. Diese mit Hilfe eines Ablaufs leicht zu kontrollierende Flexibilität ähnelt dem von Yasujirō Aoki und Chitoshi Kihara entworfenen Garten in Osaka (siehe Seite 132–135) und erinnert gleichzeitig an den traditionellen heiligen Bezirk eines Shinto-Schreins. Ein Pfad aus quadratisch behauenen Platten führt über den Rasen bis zum Kiesteich und dort zu einem kleinen Teeraum direkt neben dem Hauseingang.

Izumi betrachtet den Garten als eine grundsätzliche Verantwortung des Architekten. »Ich liebe Pflanzen und Bäume und integriere sie in sämtliche Hausentwürfe«, sagt er. Seitdem er als Student die Gärten in Kyoto und Nara besuchte, um deren Pflanzungen zu studieren, widmet er der Rolle des einzelnen Baums große Aufmerksamkeit. »Wenn wir einen Baum gepflanzt haben, nehme ich mir Zeit, um den Garten neu zu bewerten. Bäume verfügen genauso über eine eigenständige Persönlichkeit wie Felsen und manchmal legen sie eine Veränderung des Designs nahe.« Es dauerte eine Weile, bis dieses Exemplar einer *shidare-zakura*-Hängekirsche gefunden war, denn die endgültige Gestalt des von Izumi gesuchten Baums sollte im Einklang mit den Dimensionen dieses Gartenteils stehen. Nachdem der Baum gepflanzt war, veränderte Izumi geringfügig die Gestalt des Kiesteiches. Seine Absicht war unter anderem, im Frühjahr die Blüten nach und nach in einer attraktiven Farbkombination auf die schwarzen Steine fallen zu sehen. Heute, nach fünf Jahren, hat der Baum seiner Ansicht nach die Idealform erreicht und wird von nun an sorgfältig beschnitten werden.

Die zentrale Rolle, die der Kirschbaum in der traditionellen japanischen Gartenkunst einnimmt, erfordert eine bestimmte Erfahrensweise. Hier findet sich der Besucher, nachdem er das Haupttor passiert hat, in einem Korridor mit einem Bewurf aus Lehm-Kalk-Gemisch in *doro-ōtsu*-Technik, welcher zur Haustür hinführt. Linkerhand liegt der Garten, doch der Einblick ist extrem begrenzt, um das Interesse zu wecken. Abgesehen von einer meterhohen Öffnung im unteren Wandbereich ist der Blick entlang des ganzen Korridors versperrt; im Stehen gewahrt man lediglich das Kiesbeet. In Augenhöhe jedoch ist diese Mauer mit einer Reihe kleiner, kreisrunder Öffnungen versehen, die den Besucher zum Durchschauen animieren; durch jede wird ein kleines Detail von Zweigen und Blüten sichtbar. Erst wenn der Besucher das Haus betritt, erblickt er vom Wohnzimmer aus den Baum in seiner ganzen Pracht. Auf der gegenüberliegenden Seite des Hauses bietet sich vom Teeraum ein weiterer Blick.

Askese von Linie und Farbe

Entwurf: Ikuma Shirai

Der Zweck dieses Anwesens in den Bergen etwa eine Fahrstunde nördlich von Hiroshima ist ein wenig ungewöhnlich. Sein Eigentümer ist ein berühmter *soba*-Nudelkoch aus Yamanashi, nördlich von Tokio; er erkor diesen Ort zu seinem Landsitz, wo er nicht nur Entspannung finden und den Blick genießen, sondern außerdem Nudeln bereiten und seinen Gästen servieren möchte. *Soba* sind die traditionellen japanischen Buchweizen-Nudeln, die von Hand in Streifen mit quadratischem Querschnitt geschnitten werden; sie unterscheiden sich von den *ramen*-Nudeln chinesischen Ursprungs. Während hier auf die Mysterien und die Bedeutung von Nudeln in der Kultur Japans nicht näher eingegangen werden kann, sind sie die Leidenschaft dieses Klienten und der Anlass für den Namen des Anwesens: *Sekkasanbō* bedeutet »Schneeblume« und spielt auf die weiße Blüte der *soba*-Pflanze an. Darüber hinaus nimmt die schlichte, ja geradezu asketische Anlage des Gartens auf die Geschichte der *soba*-Nudel in einer Weise direkten Bezug, wie sie vielleicht nur ein Japaner erdenken kann. *Soba* ist als äußerst traditionelles japanisches Nahrungsmittel angesehen – schlicht und unverfälscht und daher nur schwer perfekt zuzubereiten; es ist außerdem ein Nahrungsmittel des Volkes, da Buchweizen auch auf nahezu unfruchtbarem Boden gedeiht, wo Reis oder Gerste unmöglich angebaut werden können.

Der Architekt, Ikuma Shirai, bedachte die Lage des Grundstücks auf einer natürlichen Terrasse am Berghang sorgfältig. Der Blick spielte eine unbestreitbare Rolle, sowohl auf die ferne Bergkette als auch auf den bewaldeten Hang. Tatsächlich schien es Shirai in Anbetracht einer derart dominierenden natürlichen Umgebung sinnvoller, die Gartenanlage nicht damit konkurrieren zu lassen: »Gegen eine solche Natur ist ein künstlicher Garten immer unterlegen.« Somit wurde beschlossen, dass der *Sekkasanbō*-Garten als visuelle Hinführung zu dem Naturblick dienen und ihn durch Farbe und Linienführung komplementieren sollte.

Um den Blick zu maximieren, ließ Shirai das Grundstück vollkommen abplanieren, was den zusätzlichen Vorteil hat, dass der Vordergrund so von jeglicher Ablenkung frei ist. Shirai beschloss ferner, an den hangab nach Süden und Westen gelegenen Grundstücksseiten zugunsten niedriger Begrenzungen vollkommen auf eine Mauer zu verzichten: Im Süden

Hohe Bambusstangen säumen Haus und Garten auf der nördlichen, dem Hang zugewandten Seite des Besitzes. Der ausgeklügelte Schwung des Daches, welcher das Hausdesign dominiert, ist ein Echo der Bergkonturen im Hintergrund; der konkave Verlauf der westlichen Gartengrenze spiegelt dieselbe Linienführung wieder.

Von den Stufen, die zum Hauseingang führen, fällt der Blick auf rosa blühende Azaleen entlang der Südgrenze des Gartens. Sie dienen dem Nadelwald im Hintergrund als visueller Anker und sind eine elegante Ergänzung der Grautöne von Naturstein und Kies.

Das Design des Gartens ist zu äußerster Schlichtheit reduziert; im Mittelpunkt stehen parallele Streifen unterschiedlicher Farben und Texturen – die Betonumrandung, die mit schwarzem Kies gefüllte Traufrinne, geharkter Kies, Azaleen. Für Spannung sorgt der Kontrast zwischen dieser Geradlinigkeit und den weit geschwungenen Kurven von Dach und Veranda.

Ein Brunnen aus schwarzem Granit mit einer umlaufenden kiesgefüllten Rinne ist in die Veranda auf der Nordseite des Hauses integriert. Die Granitoberfläche reflektiert zwei Elemente des dahinter liegenden Gartens – den Bambus und einen einzelnen Kirschbaum.

bildet eine gerade, niedrige Azaleenhecke den unteren Rahmen für die Bäume des Waldes, im Westen reihen sich flache Steine in sanftem Schwung aneinander.

Auch die Dachlinien des Hauptgebäudes nahmen starken Einfluss auf den Garten; ihnen galt die besondere Aufmerksamkeit des Architekten. Auf originelle und subtile Weise verbinden sich hier drei Kurven, die den Dachformen zweier traditioneller Baustile entnommen sind. Im Querschnitt wird die schwach konvexe Hauptkurve deutlich, und ebenso verlaufen in der Aufsicht die Außenkanten – eine als *Mukuri* bezeichnete Stilart des siebzehnten Jahrhunderts. Diese überlagert die leicht konvexe Linienführung der Ecken – die für den *Nokizori*-Stil der Tempel charakteristische Aufwärtskrümmung. Noch nie wurden diese Stilarten verbunden, doch Shirai erbte profunde Kenntnisse traditioneller Bauweisen von seinem Vater, Seiichi Shirai, einem der einflussreichsten Architekten des frühen zwanzigsten Jahrhunderts.

So nimmt der Garten sowohl optisch als auch von seiner Konzeption her den Mittelgrund zwischen der sanft geschwungenen Berglandschaft ringsum und dem subtilen und doch festen Charakter des Hausdachs in seinem Zentrum ein. Fast seine gesamte Fläche bedeckt schlichter *shirakawasuna* – von den Japanern »weißer Flusssand« genannt, in Wirklichkeit jedoch ein feiner, gleichmäßiger Kies. Mit seinen schlichten, parallel geharkten Furchen repräsentiert er Wasser in der Tradition des *karesansui*, doch auf noch kargere Weise als in einem Zen-Garten, in dem er typischerweise durch Steinsetzungen unterbrochen wäre.

Ein einziger Pfad aus Trittsteinen hin zu der Haustür durchbricht diese breite Fläche auf der Westseite. Auf der dem Berg zugewandten, von einem Zaun und einer hohen Bambusreihe begrenzten Nordseite pflanzte Shirai eine einzelne japanische *shidare-zakura*-Kirsche, eine Hängeform, die als Blickfang für das Schlafzimmer dient. Eine mit schwarzen Kieseln gefüllte Rinne führt das vom Dach tropfende Regenwasser ab und bildet die innere Grenze des Kiesgartens. Die strikte Schmucklosigkeit der schlichten geharkten Kiesfläche und ihre Größe im Verhältnis zu dem Gebäude in ihrem Zentrum wecken Erinnerungen an die rituelle Formalität eines Shinto-Schreins mit seinem kiesbedeckten Grund. Die sterile weiße Farbe erinnert bewusst an die *soba*-Pflanze und suggerierte Shirais Namensgebung.

Der Haupteingang zum Haus befindet sich auf der Westseite, wo den Garten lediglich Steine in langer, geschwungener Reihe säumen, die hier im Vordergrund zu sehen sind. Zur Haustür führen Trittsteine – die einzige Unterbrechung der weiten, geharkten Kiesfläche.

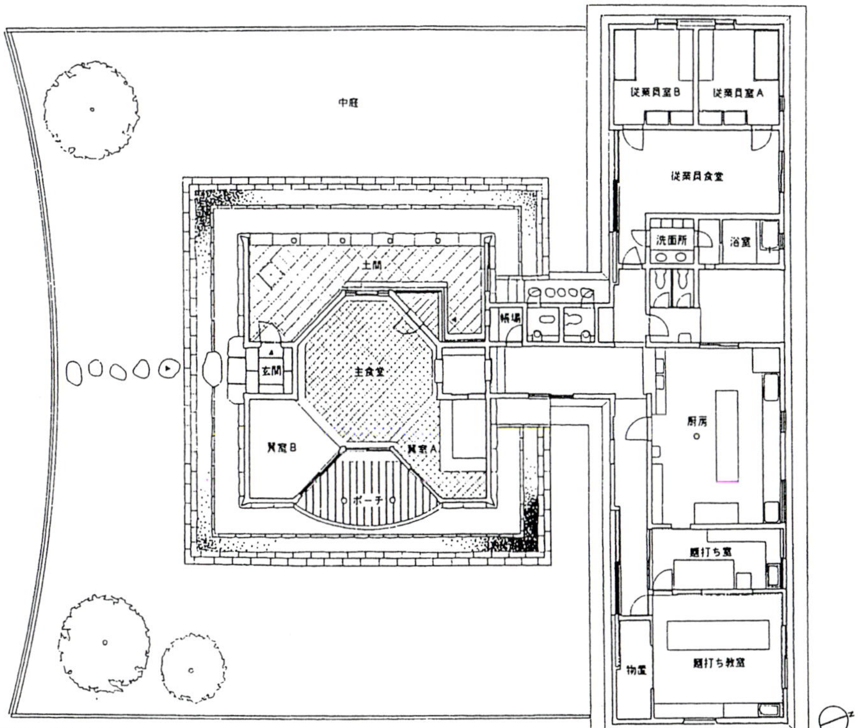

平面 縮尺1/300

Der ursprüngliche Grundriss verrät, dass der Designer zunächst Bäume in die nordwestliche und südwestliche Ecke des Gartens setzen wollte. Doch später entschloss er sich zu größerer Askese, und so schmückt heute als einziger Baum ein einzelner Kirschbaum nahe der Mauer die Mitte der Nordseite.

Das Design des Innenhofs in der vierten Etage konzentriert sich auf eine Gruppierung von fünf Felsen, die den Weltenberg aus der buddhistischen Mythologie symbolisieren. In die Vorderseite des zweiten Steins von rechts ist als Symbol für die Sonne ein Gesicht gemeißelt; eine Sichel in dem Stein dahinter steht für den Mond.

Die verschiedenen Gartenelemente sind so in das Design integriert, dass sie sich aus vorgegebenen Blickwinkeln zu harmonischen Kompositionen zusammenfügen. Eine dieser Kompositionen, hier vom Pfad aus gesehen, ergibt sich im Balkongarten nahe dem Innenhof. Der horizontal gezogene Zweig eines Ahorns folgt dem Verlauf eines elliptisch geformten Mooshügels, den rechterhand ein Weg aus Trittsteinen säumt.

Eine Oase der Besinnung

Entwurf: Shunmyō Masuno

Der Geschäftsbezirk Kōjimachi in Tokios Innenstadt ist von Bürohäusern und einigen der bekannteren großen Hotels geprägt; diese Lage ist zwar für Großstadtverhältnisse nicht unangenehm, doch für die Heraufbeschwörung einer Atmosphäre freier Natur dennoch nicht gerade ideal. Der Zen-Priester und anerkannte Meister des modernen Zen-Gartens, Shunmyō Masuno, sagt dazu: »Baumgruppen, dekorative Wasserspiele und bunte Blumenbeete, die Häuser und Parks schmücken, sind nicht als Natur zu erkennen.« Dort sei ein »schonungsloser Lebensraum«, so sinnt er nach, der «seine Bewohner in einen Zustand ständiger Hast versetzt«.

Ein Hotelneubau für einen Verband von Angestellten der Regionalregierung bot die Gelegenheit zur Abhilfe. Masuno hält es für wichtig, die Rolle des Zen-Gartens aus dem Tempelbereich hinauszutragen, und hat zu diesem Zweck eine Reihe großer Projekte unter anderem für Museen, Büchereien, Hotels und ein Nationales Technologie-Institut ausgeführt. Im Kōjimachi Kaikan standen ihm drei Bereiche zur Verfügung: zwei Flächen im vierten Stock, der häufig für Hochzeitsempfänge genutzt wird, und ein Bereich im Erdgeschoss, der an das Café und den Empfangsbereich angrenzt.

Ein Zen-Garten ist funktionsorientiert; der Zweck dieser drei Terrassen, so erklärt Masuno, liege darin, den Gästen, die üblicherweise nur kurze Zeit verweilen, »eine gewichtige Momenterfahrung« zu vermitteln. Bisweilen lässt uns auf unserem Lebensweg eine einzigartige Naturerfahrung den Atem anhalten. Das kann laut Masuno beispielsweise ein Moment sein, »in dem eine Unerschütterlichkeit trotz der Entbehrungen der Natur zum Ausdruck kommt, oder eine grandiose Landschaft, welche die Macht und Schönheit der Natur widerspiegelt und enthüllt«. Die Gelegenheit zu einer solchen Gefühlsregung ergibt sich nur selten im urbanen Umfeld, was das Bedürfnis danach nur steigert, wobei der Kontrast zu den Zwängen und der Hektik des Stadtlebens in gleichem Maße wächst.

Die Herausforderung bestand darin, eine natürliche Umgebung für Besinnlichkeit und für die Wiederbelebung des Geistes zu schaffen. Masuno studierte zunächst sehr sorgfältig die Lage, um ein eingehendes Gespür für die spezifischen Erfordernisse und Möglichkeiten zu erlangen, und nahm dann »eine Vision absoluten Friedens, als befände man sich in den Tiefen eines Bergwaldes«, zum Ausgangskonzept. Die drei Bereiche würden sich zu einem einzigen Garten verbinden, dem er den Namen »Garten der Blauen Berge und Grünen Wasser« verlieh – *Seizan-Ryokusui no Niwa*. Dieser Name trägt eine zweite, versteckte Bedeutung, die den zugrunde liegenden buddhistischen Symbolismus verrät, der das Projekt durchdringt. Neben seiner Bedeutung »Blauer Berg« bezeichnet *Seizan* auch das Nirwana, während *Ryokusui*, »Grünes Wasser«, ein anderer Name für die Natur ist.

Die Anordnung der Steine beziehen sich ebenfalls auf buddhistische Kosmologie und Symbolik, wo ungerade Zahlen eine gewichtige Rolle spielen. So gibt es zum Beispiel die Drei Welten, des weiteren die fünf Bergspitzen des Weltenbergs Sumeru im Zentrum des Universums (*Shumi-sen*) und die sieben goldenen Bergketten und Meere, die ihn in konzentrischen Kreisen umgeben. »Ungerade Zahlen sind glückbringend – *kichijōsu*; so platzierte ich in dem Hofgarten im vierten Stock elf Felsen in drei Gruppen von fünf, drei und drei.« Kleine Steine stellen einen Fluss dar, der an der Basis eines Felsens entspringt, in den eine Sichel als Zeichen für den Mond eingemeißelt ist. Auf der gegenüberliegenden Seite des moosbewachsenen Hügels trägt ein anderer der fünf Steine einen Kreis als Symbol für die Sonne, und so umkreisen wie in der buddhistischen Kosmologie Sonne und Mond den Weltenberg. Die beiden wichtigsten Bäume des Gartens sind ein *yamamomiji* oder Bergfächerahorn *(Acer matsumurae)* und eine *toneriko*-Esche *(Fraxinus japonica)*. Dieser Baum, der von der Nordhälfte der Hauptinsel Honshu stammt und eine Höhe von über sechs Me-

Junges Frühlingsgrün an einem kleinen japanischen Fächerahorn *(Acer palmatum)* in dem Balkongarten der vierten Etage. Für den japanischen Gärtner liegt eine der Attraktionen dieses Baums in dem Farbwechsel seiner Belaubung, der von der Sorte sowie den Bodeneigenschaften abhängig ist (neutrale und saure Böden vertiefen meist das Rot).

tern erreicht, wird traditionell als Lieferant von Wünschelruten genutzt und gilt als Glückssymbol.

In der japanischen wie der chinesischen Kunst sind Berge so untrennbar mit Wasser verbunden, dass die wasserlose Darstellung mittels sorgsam abgestufter Steine und Kiesel möglich wird. Der Gartenbereich im Parterre des Kōjimachi Kaikan jedoch bot sich für den Einsatz von richtigem Wasser an und Masuno nutzte die Gelegenheit für ein Wasserbecken sowie Wasserfälle; sie füllen den Blick durch das Fenster des Cafés vollständig aus und stehen, wie er erklärt, »stellvertretend für das *tokonoma*«. Im japanischen Teeraum ist das *tokonoma* eine Nische, in dem Objekte von besonderer ästhetischer Bedeutung platziert werden, etwa eine Bildrolle, eine Blume in einem besonderen Gefäß oder ein *suiseki* – kleine, natürlich geformte Steine, die wegen ihrer Schönheit bewundert werden und wegen ihrer Fähigkeit, eine Naturszene oder ein Objekt, das zur Natur in enger Verbindung steht, zu suggerieren. Hier lässt Masuno ein seichtes Becken, das er bis direkt an das Fenster heranführt, die Rolle des *tokonoma*-Sockels übernehmen, auf dem er eine Anzahl dynamisch geschnittener Felsen arrangierte. Wie in dem Binnengarten im vierten Stock sind sie elf an der Zahl. Den Part der Bildrolle im Hintergrund übernimmt ein Wasserfall aus zwei Steinarten. Auf dem aus braunen Granitsteinen zusammengesetzten unteren Teil sind dünne, schwarze Granittafeln aus Südafrika aufgeschichtet, deren Kanten sorgfältig bearbeitet sind, um das herabrieselnde Wasser in eine funkelnde Kaskade zu verwandeln.

Der Plan für die zwei Gärten in der vierten Etage. Ihre räumliche Trennung war durch die baulichen Gegebenheiten vorbestimmt. In Höhe des Foyers befindet sich der Wassergarten; hier nehmen bearbeitete Granitsteine die Diagonalen der mächtigen Mauer auf, die den Bereich nach außen abschließt.

Auf einer Basis aus braunen Granitbrocken ist dünn geschnittener schwarzer Granit zu einer Mauer aufgeschichtet; daran fließt ein Wasserfall in Kaskaden bis in das flache Becken herab.

Gesteinssymbolismus

Entwurf: Shunmyō Masuno

Die Kanadische Botschaft im Tokioter Stadtteil Aoyama befindet sich in strategischer und gleichzeitig attraktiver Lage direkt neben einem baumbestandenen Park, Takahashi Memorial Gardens, und gegenüber den Akasaka-Palastanlagen. 1991 fertiggestellt, verfügt sie über eine breite, hochgelegene Terrasse, die diese Grünanlagen überblickt, und es wurde beschlossen hier einen Garten anzulegen, der gewissermaßen die Funktion des Konsulats zum Ausdruck bringt. Das Projekt wurde Shunmyō Masuno anvertraut, der sogleich erkannte, dass der Garten einen Bezug zu den Menschen benötigte, die in und mit der Botschaft arbeiten, und zu jenen, welche diesen Ort aufsuchen. Durch seine Priesterausbildung und seine langjährige praktische Erfahrung mit Zen-Gärten weiß Masuno um die Bedeutung von Funktion im Gartendesign. Ebenso wie ein Zen-Tempelgarten dem Priester, der ihn bestellt, als spirituelle Ausdrucksform dient und dem Besucher, der ihn erfährt, als Meditationshilfe, so erfüllen auch Masunos moderne Gärten einen ganz bestimmten Zweck.

In diesem Fall hatte, laut Masuno, der Garten die Funktion, »die Menschen, deren Arbeit darin besteht, als Bindeglied zwischen den beiden Nationen zu dienen, ihre Rolle neu überdenken zu lassen«. Von diesem Konzept war es nur ein logischer Schritt zu einem Garten, der die Beziehung zwischen den beiden Ländern symbolisiert. Tatsächlich entschied er sich für zwei miteinander verbundene Gärten: Der größere Bereich steht für Kanada, der kleinere für Japan. Die Darstellungstechniken, die für den Trockenlandschaftsgarten *karesansui* schon vor langer Zeit entwickelt wurden (siehe Seite 18–21), waren für einen solchen thematischen Ansatz ideal und Masuno adaptierte sie, um die Hauptmerkmale der Landschaft eines großen Kontinents und der ihn umgebenden Ozeane aufzuzeigen.

Masunos Faible für Stein ließ ihn die Geologie Kanadas in seinem Design hervorheben. Bei einer Wasserfläche in der Südostecke, die den Atlantik repräsentiert, beginnt eine Aufreihung von Granitsteinen aus der Präfektur Hiroshima, Symbol für das Urgestein des Kanadischen Schilds. Während seiner Erforschung der kanadischen Landschaft war Masuno sehr von den Auswirkungen der Eiszeit beeindruckt, und um die Vorstellung eines von Gletschern zerfurchten Landes zu übermitteln, beließ er die Steine so, wie sie gebrochen waren.

Die längste Seite des Steingartens nimmt der Kanada-Garten ein; er liegt auf der Ostterrasse der Kanadischen Botschaft in Tokio und wird von dem auskragenden Dach überragt. Die grob behauenen großen Steine sind noch von den Spuren der Spaltkeile gesäumt; sie stehen symbolisch für das geologische Urgestein des Kanadischen Schilds. Die Pyramiden im Hintergrund verkörpern die Rocky Mountains.

Der Blick im Bild links setzt sich um die Ecke in diesem stillen Becken fort, welches den Pazifischen Ozean repräsentiert. Der steinerne Steg im Vordergrund, eine bewusste Tiefenillusion, endet in der Mitte der Wasserfläche in einer Spitze. Die Bäume auf dem Gelände des Akasaka-Palastes vervollständigen als »geborgte Landschaft« den Blick, ganz in der alten Tradition des *shakkei*.

Masunos Steinmetz bei diesem Projekt, wie bei vielen anderen, war Masatoshi Izumi, den diese rohe, freiliegende Gestaltung begeistert. »Größere und kleinere Wellenlinien aus Muster und Farbe schmücken die Steinoberfläche, während die gebrochenen Kanten wie steile Klippen wirken und so wunderbar mit den naturbelassenen ungebrochenen Oberflächen des Steins kontrastieren. Dazu kommen die Spuren, welche die Spaltkeile hinterließen, und wenn der Stein poliert wird, nimmt er ein ganz neues Wesen und Glanz an. Und mit den entsprechenden Fähigkeiten und tiefreichender Kenntnis der Möglichkeiten lässt sich sogar ein Stein von einer Schönheit und einem Charme produzieren, der sich vollkommen von dem des Naturtypus unterscheidet.« Um bauliche Komplikationen durch das hohe Gewicht zu vermeiden, wurden die Felsen mühsam ausgehöhlt.

Die ausgeprägte horizontale Linie der aufgereihten Felsen evoziert in Verbindung mit der beträchtlichen Tiefe der Terrasse auf eindrucksvolle Weise die immense Weite der kanadischen Landschaft und der massive Dachüberstand komprimiert den optischen Rahmen zu einem Panoramablick. Im Hintergrund verschmelzen die Baumwipfel des Akasaka-Palastes im Norden und Nordosten unmerklich mit jenen der Takahashi Memorial Gardens im Osten; tatsächlich übernehmen sie die Rolle eines grünen Streifens »geborgter« Natur in dieser Szene.

Bei einem *inukshuk*, einem Markierungssymbol der Inuit aus Kanadas arktischen Regionen, biegt der Garten um die Ecke. Drei pyramidenförmige Steinblöcke unterschiedlicher Größe reihen sich entlang der Nordseite aneinander; sie stellen die Rocky Mountains dar. In der Nordwest-Ecke schließlich befindet sich eine weitere ausgedehnte Wasserfläche als Symbol für den Pazifik und von hier führt ein kurzer Korridor in den zweiten Garten, der für das Land Japan steht. Mit seinen natürlichen Felsen inmitten von geharktem Kies und den Trittsteinen ist dieser im Grunde ein Zen-Garten. Obgleich sich manche der Trittsteine aus unbearbeiteten Steinen zusammensetzen, sind sie doch streng geometrisch angeordnet, und diese kontrollierte Linienführung lässt eine bewusst »spannungsgeladene Atmosphäre inmitten der feinen und detaillierten Ausgestaltung« entstehen. Am Ende dieses Gartens fasst ein massiver, in zwei Hälften gespaltener Fels die Beziehung zwischen Kanada und Japan zusammen – in Masunos Worten herrschen »Balance und eine gewisse Distanz«.

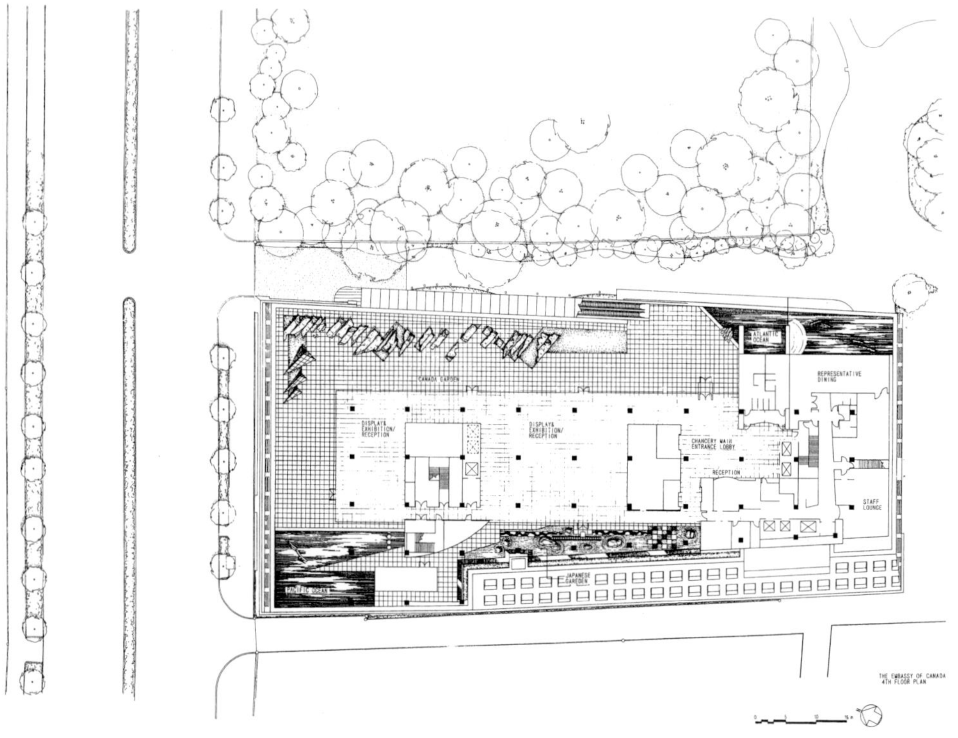

Der Grundriss dieses Zwischenstockwerks der Kanadischen Botschaft, das zum größten Teil von den zwei Gärten eingenommen wird; sie umgeben das verglaste Hauptfoyer, welches auch als Ausstellungsfläche genutzt wird. Bei einem den Atlantik darstellenden Wasserbecken in der Südost-Ecke nehmen die Gärten ihren Anfang (oben rechts). Der Besucher bewegt sich in nördlicher Richtung durch einen ausgedehnten Garten, Sinnbild für Kanada, bis zum Pazifik-Teich im Nordwesten (unten links) und gelangt schließlich in den südlich davon gelegenen formaleren Japan-Garten.

Am Ende des Japan-Gartens symbolisiert ein präzises Schachbrettmuster aus Trittsteinen Formalität und Beherrschung – zwei japanische Charakterzüge –, während die zwei Hälften des gespaltenen Felsens vor der Rückwand die Beziehungen zwischen den beiden Nationen Kanada und Japan darstellen.

Felseninseln in geharktem Kies erinnern an einen Zen-Garten, wie den des berühmten Ryōan-ji-Tempels in Kyoto. Diese Setzung ist nicht nur ein mächtiges Symbol für das Land Japan, sondern nach Überzeugung des Designers bildet Zen auch die Grundlage der Kultur und der Denkweise des Landes.

Die Aussicht auf diesen »Garten als Gemälde« kommt durch die Verwendung einer einzigen durchgehenden Glasscheibe anstelle von Gleitfenstern besonders zur Geltung; so lenken keine sonst unvermeidbaren Streben von der Szene ab. Die Ausleuchtung des Innenraums ist sorgfältig arrangiert; Lichtquellen sind so positioniert, dass die Scheibe fast vollkommen frei von Reflexen und der Blick auf den Garten glasklar ist.

Modernes *machiya*

Entwurf: Yoshihiro Mashiko

Traditionelle japanische Reihenhäuser, die noch immer in manchen Stadtteilen Tokios zu finden sind, sind durch eine schmale Straßenfassade bei beträchtlicher Tiefe gekennzeichnet. Diese sogenannten *machiya* stellen den Besitzer bei der Anlage eines Gartens vor ein offensichtliches Problem: Der Garten kann nur lang und schmal und daher ohne Tiefe sein. Eine Lösung besteht darin, mehrere – natürlich kleine – Gärten über das Haus zu verteilen.

Aus verschiedenen Gründen stand eine Familie, die ein Haus für ein Grundstück nahe dem Ueno-Park in Tokio plante, vor einem ähnlichen Dilemma. Der Eigentümer, Yuji Tezuka, ist ein erfolgreicher Maler moderner, großformatiger japanischer Landschaften und benötigte ein entsprechend großes Studio, das der Architekt Yoshihiro Mashiko in der ersten Etage ansiedelte; es nimmt fast die ganze Grundstücksbreite ein. Der Wohnbereich liegt darunter im Parterre und der einzige für einen Garten verbleibende Raum war ein schmales Rechteck. Lichtmangel war ein weiteres Problem, denn das Haus liegt direkt neben einem dreistöckigen Wohngebäude.

In Anbetracht der räumlichen Restriktionen waren sich Architekt und Eigentümer einig, dass der Garten mehr zum Betrachten denn zum Begehen und Aufenthalt sein sollte. Davon ausgehend plante Mashiko den Wohn-Essbereich so, dass seine längste Wand an den Garten grenzt, und versah diese mit einem großen Panoramafenster. Die Hauptschwierigkeit bestand jedoch darin, welche Art von Garten dem Wohnraum zu präsentieren sei, da es sich ja um eine unveränderliche Aussicht handelte. Die Parallelen zwischen dieser Seitenansicht eines Gartens und den Landschaftsbildern seines Eigentümers waren offensichtlich und ihm war die Notwendigkeit eines Ausblicks bewusst, der weder in seinen Komponenten zu aufdringlich war noch langweilig würde. Ein zweiter Gesichtspunkt war die Reflexion von Licht in den Wohnbereich, ein dritter, dass die Mehrheit der Pflanzen aufgrund des geringen Lichteinfalls in den Garten für den Schatten geeignet sein musste.

Zunächst malte Tezuka selbst einen Hintergrund direkt auf eine verputzte Mauer, doch nachdem er und seine Frau sich an das neue Haus gewöhnt hatten, empfanden sie es als zu aufdringlich und er beschloss, dass ein reiner, professionell ausgeführter Gartenraum eine Abwechslung von seiner Arbeit bieten würde. Auf Mashikos Rat verpflichtete er Iwaki Zōen, eine der ältesten und größten Gartenbaufirmen Japans, deren Projekte im Allgemeinen weitaus größer sind. Die bemalte Mauer wurde durch einen Sichtschutz aus Bambus ersetzt, der zum überwiegenden Teil nicht von Pflanzen verdeckt wird. Zum einen wird so Licht in den Raum reflektiert, zum anderen ein erwünschter minimalistischer Effekt erzielt. Tezuka erklärt: »Mir ist wichtig, dass der Garten keinen starken Blickfang hat. Wäre er voller kräftiger Farben, so würden meine Augen sie in das Studio tragen, wenn ich zu malen beginne. Ich brauchte einen Garten ohne Wirkung, den ich täglich und ohne Unterlass betrachten kann.«

Schwarze Schnüre halten den Wandschirm zusammen, der eine Landschaftsskizze nach Art der japanischen Malerei darstellt, bei der waagerechte Lagen immer weiter aufeinandergeschichtet werden, vergleichbar den Reisterrassen an einem Berghang. Die Schnüre sind in der unregelmäßigen, als *ranmusubi* bezeichneten Weise angeordnet. In dem mit Naturstein verkleideten Hochbeet unterhalb des Wandschirms finden sich verschiedene schattenverträgliche Pflanzen, darunter Himmelsbambus *(Nandina domestica)*, *fukisho* oder Ysander *(Pachysandra terminalis)*, Lavendelheide *(Pieris japonica)* und *kichijōso (Reineckea carnea)*, ein einheimisches mehrjähriges Maiglöckchengewächs mit hellvioletten Blüten. Diese Szene wird zu beiden Seiten von Bäumen gerahmt – Ahorn, japanische Blaueiche *(Quercus glauca)*, *yamabōshi* oder Blumenhartriegel *(Cornus kousa)* und *tosamizuki*, Ähren-Scheinhasel *(Corylopsis spicata)*, ein niedriger, blattabwerfender Baum, der im Frühjahr blassgelb blüht.

Da dieser Garten unter anderem dem Hausherrn als Inspiration für seine Gemälde dienen soll, ist ein Ahorn, der so vorzüglich das japanische Landschaftsverständnis verkörpert, ein unverzichtbarer Bestandteil des Ausblicks.

Eine kleine, dreieckige Fläche vor dem Haus wurde zu einer modernen Version des *genkan-niwa*, des winzigen Gartens nahe dem Eingang, der ein Teil der *machiya*-Tradition des geteilten Gartens ist.

Reflexe auf Stahl, Glas und Wasser

Entwurf: Yasujirō Aoki and Chitoshi Kihara

Dieser 2001 fertiggestellte Garten umrahmt eine helle, in Glas und Stahl ausgeführte moderne Teeraum-Variante. Da der Teeraum so vieles verkörpert, was für die japanische Kultur einzigartig ist, stellt er eine interessante kreative Herausforderung für moderne Architekten und Designer dar. Chitoshi Kihara, einem Architekten aus Osaka, bot sich hier die Möglichkeit, seine Neuinterpretation umzusetzen, und er bat seinen langjährigen Designkollegen Yasujirō Aoki darum, einen passenden Garten zu entwerfen.

Das Design des Teeraums bestimmte in großem Maße den Gartenraum. Kihara wollte Wände aus mattiertem Glas, die nicht durch tragende Konstruktionen unterbrochen werden sollten, und fand die Lösung in freistehenden Säulen, auf denen der Dachüberhang aufliegt. Um die Leichtigkeit der Glaswände nicht zu trüben, rückte Kihara die beiden Säulen weit nach außen, was einen vergrößerten Dachüberstand zur Folge hatte; ihre Stärke ließ sich minimieren, indem er jeweils zwei L-Träger mit den Ecken aneinander stellte. Ein Geistesblitz ließ ihn die Stützen mit spiegelndem Edelstahl verblenden, so dass sie aus manchen Blickwinkeln in der Gartenumgebung zu verschwinden scheinen.

Um den tiefen Dachüberstand weniger massiv und optisch leichter zu machen, führte Kihara ihn in Bogenform aus, was die Bühne für ein Wechselspiel von Kurven und Geraden in dem darunter liegenden Garten bereitete. Die mit Kies ausgelegte Traufrinne folgt dem Bogen; die Form wiederholt sich in einer geschwungenen Gartenmauer, die an einer Ecke auf den Teeraum trifft. Aoki beschloss, in diesem grob viertelkreisförmigen Raum einen seichten Teich anzulegen, über den der Teeraum leicht auskragt. Der Teich und das dazugehörige Arrangement von Pflanzen und Steinen waren als symbolische Landschaft gedacht, doch ganz wie Shunmyō Masuno und Generationen japanischer Gärtner vor ihm erarbeitet Aoki seine Gärten Schritt für Schritt. Anstatt alles sogleich bis ins letzte Detail zu planen und dann in einem einzigen Arbeitsgang zu realisieren, wählt er seine Steine und Pflanzen einzeln aus

Der Blick auf das schmale Ende des »Froschteiches« reicht vom Kiesstrand bis zu den vertikalen Schlitzen in der geschwungenen Außenmauer. Aus dem Wasser ragt der Stein, der dem Teich seinen Namen gab.

Die Edelstahlverkleidung lässt einen der Pfeiler, die den Dachüberstand stützen, weniger wuchtig wirken. Vielfache Spiegelungen auf der polierten Oberfläche verleihen dem Garten einen surrealen Charakter.

Shōji-Gleittüren gewähren ausgewählte Gartenansichten aus dem Teeraum. Links fällt der Blick auf die senkrechten Mauerschlitze und den äußeren Garten dahinter. Auch der »Froschstein«, eine der Spiegelsäulen und eine Ecke des Kiesstrandes sind in die sorgfältige Komposition des Innenraums einbezogen.

und »horcht« auf ihre Hinweise. Mit den Komponenten eines Gartens in einen Dialog zu treten ist in Japan eine anerkannte Vorgehensweise, die mindestens bis zum ersten klassischen Handbuch der Gartenkunst, dem *Shakutai-ki* aus dem ausgehenden elften Jahrhundert, zurückreicht; in diesem wird der Leser angewiesen, den »Forderungen« des Steins »Folge zu leisten«. Aoki wählte zunächst einen einzigen Stein für den Teich und gab ihm einen Platz in Relation zu dem Blick durch die Schiebetüren des Teeraums. Er entdeckte, dass der Stein an einen Frosch erinnerte, und dieses führte zu dem Namen »Froschteich«.

Kleine Kiesel waren für den Teichboden nötig, die Aoki in Beton setzte, wobei einige den Stein spiralförmig umkreisen. Wo die geschwungene Mauer an der Rückseite des Grundstücks auf die gerade Wand des Teeraums trifft, befindet sich ein Winkel, den Aoki mit einem Strand vor einem Hintergrund aus Miniaturbergen füllte. Hierzu führte er den Teichboden hoch und fügte größere Kiesel hinzu, um den Strand darzustellen. Das Landschaftsbild vervollständigen Felsen aus braunem Granit und eine Pflanzgruppe mit Farnen, einem Ahorn, einer Kamelie *(Camellia lutchuensis)* und einer japanischen Blaueiche *(Quercus glauca)*. Diese Auswahl versinnbildlicht das *inyō*-Prinzip negativer und positiver Energieströme: Die Kamelie und die Eiche sind dem negativen Raum in dem Winkel zugewandt, während der Ahorn auf die Wasserfläche und ihr breiteres, offeneres Ende hinausblickt – in die Richtung des positiven Energieflusses. In dieser Öffnung, dem Haus zugewandt, stehen ein der Blaubeere verwandter *natsuhaze*-Baum *(Vaccinium oldhamii)* und eine japanische Zwergeibe, *kyara (Taxus cuspidata)*; dahinter liegt eine schlichte Rasenfläche.

Wie nicht anders zu erwarten, sind die durch eine Schiebetür (den »Kriecheingang«) und *shōji*-Gleittüren festgelegten Blickachsen des Teeraums sorgfältig erarbeitet. Der Blick durch den niedrigen Eingang fällt auf eine Reihe schmaler vertikaler Schlitze in der geschwungenen Gartenmauer, durch die der kleine äußere Garten sichtbar ist. Durch die *shōji*-Türen schaut der Betrachter über den Teich auf die geschwungene Mauer, eine der hellen Spiegelsäulen und, je nach Sitzplatz, den »Froschstein« oder den Kiesstrand. Da sich im Teich selbst keine Pflanzen befinden, fand Aoki, dass hier noch etwas fehlte, und platzierte in einem für die Teezeremonie radikalen Schritt das traditionelle Blumenarrangement in seinem Korb nicht in oder neben die Bildnische, *tokonoma*, sondern an die Außenmauer.

Der Eibe im Vordergrund liegt eine Miniaturlandschaft aus Ahorn, Kamelie und Blaueiche am fernen Ufer des »Froschteiches« gegenüber, die hier durch die Gleittüren des Teeraums sichtbar ist. Die Krümmung soll den positiven Energiefluss vom Teich auf die Eibe lenken.

Beim Seiteneingang zum Museum kommen Ziegel als dekorative Elemente, als Wegbelag und als Kontrast zur Textur und Farbe der Pflanzen zum Einsatz. Die Firstziegel, die den Durchgang rahmen, nehmen die Gestalt der neben dem Eingang aufgereihten Bambushalme auf und gerumpelte Ziegelfragmente lassen den Weg weniger hart erscheinen.

Auch eine Schildkröte aus alten, zerbrochenen Ziegeln findet sich unter den Tierdarstellungen, die am Ende des Museumsgartens in die Wege eingebettet sind. Hier brachte der Designer spielerische Ideen zum Ausdruck, die im Gegensatz zu der Formalität des Haupteingangs stehen.

Dachziegel als Ausdruck alter Ästhetik

Entwurf: Kan Izue

Die Stadt Ōmihachiman nahe dem Ostufer des Biwa-Sees in der Präfektur Shiga wurde im siebzehnten Jahrhundert durch ihre Manufaktur für *kawara*, traditionelle japanische Dachziegel aus Ton, berühmt. Eine alte Fabrik in dem historischen Teil der Stadt sollte abgerissen werden, doch auf öffentlichen Protest hin ließ der Stadtrat von seinem ursprünglichen Vorhaben ab, das Gebäude durch ein Hochhaus zu ersetzen, und plante stattdessen ein *kawara*-Museum. Aus dem Design-Wettbewerb ging Kan Izue als Sieger hervor; er hatte mit einigen originellen Vorschlägen zum Aussehen des Museums und zur Funktion des dazugehörigen Gartens aufgewartet.

Der 1931 geborene Izue macht nicht selten den Eindruck eines Bilderstürmers; Widerspruch ist ihm gewiss nichts Neues. Sein vielleicht bekanntestes Werk ist das Bō-Bō-an-Teehaus in Nagoya (1994) mit geprägten Eisenplatten, wie sie als Schachtdeckel Verwendung finden, am Eingang, Wänden aus Zink und Innenwänden, die mit alten Zeitungen und der Fotografie einer nackten Frau beklebt sind – ganz und gar nicht das, was man im Rahmen der kultivierten japanischen Teezeremonie erwarten würde. Und doch war dies ein mutiger Versuch der Rückwendung zum *sukiya*-Ideal des Schöpfers der Teezeremonie, Sen-no-Rikyū, der die Zeremonie dem Volk zugänglich machen wollte, das nur Zugriff auf billiges Material hatte. Der Entwurf wurde mit dem Preis der International Academy of Architecture ausgezeichnet. Die *shin-gyo-sō*-Philosophie hinter diesem Bauwerk hilft, auch Izues andere Arbeiten wie das Dachziegelmuseum in Omihachiman zu verstehen.

Die *shin-gyō-sō*-Ästhetik wurde im fünfzehnten Jahrhundert von einem Zen-Priester namens Ikkyū geschaffen und wird auf die Künste Kalligraphie, Ikebana, Dichtung und Garten angewandt. Der Ausdruck lässt sich etwa als »streng formal-weicher-frei« wiedergeben; das Prinzip versinnbildlicht eine Entwicklung, die diese drei Zustände durchläuft, und gründet auf den Erfahrungen, die Ikkyū im Laufe seines Lebens machte. Um dem Tod auf Befehl des Shogun zu entgehen, sah er sich als junger Mann in Kyoto gezwungen, Priester zu werden, und unterwarf sich viele Jahre der strikten, entbehrungsreichen Lebensweise der Zen-Unter-

Zum Haupteingang des Museums gelangt man auf einem langen, breiten Weg, den Izue mit ineinander greifenden Ziegelmustern besetzt hat; die meisten Ziegel sind aufrecht eingebettet, so dass nur eine Seitenkante an der Oberfläche sichtbar ist. Abgesehen von einem Spiralmotiv direkt vor dem Eingang, das an einen in geologischen Schichten zutage tretenden Ammoniten erinnert (oben links), sind die Muster in diesem Bereich geordnet und heben sowohl im rechten Winkel aufeinander treffende Geraden als auch die Diagonale hervor (oben).

Der Garten beginnt in einem Stil unnachgiebiger Formalität. Diese Eigenschaft, im Japanischen *shin* genannt, kommt sowohl in der präzisen Geometrie der Karo- und Dreiecksmuster des Ziegelpflasters zum Ausdruck als auch in einer Reihenpflanzung von *kurotake*, Schwarzrohrbambus *(Phyllostachys nigra)*, der vor einem Hintergrund aus regelmäßig angeordneten vertikalen Motiven eine Mauer säumt.

weisung – *shin*. Die zweite Phase seines Lebens war bequemer und weltlicher – *gyō* –, und als alter Mann genoss er ein Leben in Freiheit – *sōu*. Enshu Kobori, der berühmte japanische Gartenkünstler des siebzehnten Jahrhunderts, verwendete für den Garten von Kyotos Daitoku-Tempel, in dem Ikkyū als Priester gedient hatte, Stein nach dem Prinzip des *shin-gyō-sō*. In dem Garten des Dachziegelmuseums bringt Izue dieselbe Ästhetik vom Übergang zum Ausdruck, verwendet statt Stein jedoch zerbrochene Ziegel. Während der Besucher die Gartenabschnitte durchwandert, welche die Gebäude verbinden, soll er die drei Stadien des *shin-gyō-sō* erfahren und dabei sowohl an dem Kontrast als auch an den Gemeinsamkeiten Gefallen finden.

Der Zugang zum Museum ist gerade und schmal gehalten, in Übereinstimmung mit dem unnachgiebigen, stoischen Zustand des *shin*. Um dies zu unterstreichen, besteht die einzige Bepflanzung aus nicht blühendem *kurotake*, Schwarzrohrbambus *(Phyllostachys nigra)*, der vor einer weißen Wand aufgereiht ist, unterstrichen durch eine Reihe noch strengerer Vertikalen aus schwarzen Ziegeln. Senkrecht angeordnete halbrunde Ziegel nehmen an den Torbogen den schwarzen Bambus als Thema erneut auf. Den damit kontrastierenden Endzustand der Ungezwungenheit – *sō* – stellen Bäume wie Weiden, Ahorn und *shidare-zakura*-Hängekirschen im Verein mit Gras dar; die mildernde Überleitung – *gyō* – vollzieht Izue mit den Ziegelmosaiken, die zu seiner Spezialität geworden sind.

Dachziegel stehen natürlich im Mittelpunkt des Museums, doch was Izue für die befestigten Gartenflächen wählte und zusammentrug, sind nicht die effizienten modernen Ziegel, sondern alte *kawara*, die in dem Erdbeben zu Bruch gingen, das 1995 die Stadt Kobe verwüstete. Für Izue stehen diese stark absorbierenden Ziegel im Einklang mit der Natur; sie setzen Moos an und verfärben sich – mit anderen Worten, sie reifen und altern mit Würde. Aufgrund der beträchtlichen Wassermenge, die sie aufnehmen, haben *kawara*-Ziegel die Tendenz, bei winterlichen Minusgraden zu reißen oder zu zerspringen. Noch immer werden in Japan viele Dächer mit Ziegeln gedeckt, doch die moderne Variante ist wasserdicht. In Izues Augen besitzt allerdings nur die alte Art Charakter. Bei der Befestigung der Flächen schuf er eine wunderbare Vielfalt an Mustern – die geometrisch-formale Verlegung beim Eingang geht in fantasievolle, geschwungene Muster und spielerische Darstellungen von Fischen, Schildkröten, Blumen und Vögeln über. Ein großer Karpfen aus Ziegeln leitet ganz im Sinne des *gyō* von dem Gebäude zu den Weiden und Kirschbäumen über.

Die *shin-gyō-sō*-Ästhetik, welcher die Garten- und Weganlagen folgen, ist vielleicht nicht sehr bekannt, doch das Erlebnis des Museumsbesuchs erhält durch sie Zusammenhalt und Dynamik. Izue zitiert für das *shin-gyō-sō* gern eine andere Analogie, die der Kalligraphie. Für das stoische, korrekte *shin* steht der klar ausgeführte Schriftzug, der keine Linie eines Schriftzeichens auslässt; der weniger restriktive, doch leicht lesbare Stil der üblichen Handschrift stellt das *gyō* dar; und das freie *sō* findet sich in der individualistischeren freien Interpretation wieder, etwa in einer Unterschrift. Dies mag weit entfernt vom Gartendesign scheinen und doch verwendete Izue seine Ziegel und Pflanzen, um damit eine kalligraphische Bildersprache zu schreiben, deren Pinselstriche aus Zweigen, Blättern und den Kanten der *kawara*-Ziegel bestehen.

Im hinteren, an einen Kanal grenzenden Gartenteil kommt die Weichheit des *sō*-Stils sowohl in der Horizontalen als auch in der Vertikalen zum Ausdruck. Den Boden schmücken Darstellungen von Vögeln und Fischen auf einem Hintergrund aus frei verlegten Ziegeln; links im Vordergrund ein gigantischer Karpfen. Darüber erhebt sich eine Gruppierung von Hängekirsche, Weiden und Ahorn.

Der Garten als weibliches Prinzip

Entwurf: Kan Izue

Nicht weit vom Dachziegelmuseum in Ōmihachiman (Seite 94-97) vollendete Kan Izue vor kurzem den Wohnsitz eines Geschäftsmanns der Stadt. Ausnahmsweise war der Mangel an Bodenfläche in diesem dicht besiedelten Land kein Thema und so konnte der Architekt nach Lust und Laune mit dem Garten experimentieren. Hier übernehmen die Pflanzen nicht nur die Rolle von Skulptur bis hin zu Architektur, sondern ihnen kommt auch eine symbolische Bedeutung zu.

Haus und Garten sind vom Grundriss derart miteinander verschachtelt, dass sie auf den ersten Blick den Eindruck eines kleinen Weilers machen; ihre Lage am Rande von Reisfeldern trägt ebenso zu diesem Eindruck bei wie ein Bach, der entlang einer der Mauern verläuft. Der Besucher erreicht das Grundstück über eine kleine Brücke und findet sich in einem gewundenen Korridor wieder, den ein Bambusdickicht auf der einen Seite und ein Kamelienbaum auf der anderen flankieren; sein Boden ist ganz und gar mit den für Izue typischen Mustern aus alten *kawara*-Ziegeln befestigt. Izues Leidenschaft für Materialvielfalt wird in der fantasievollen Gegenüberstellung von oxidiertem Eisen, geätztem Glas, Beton, poliertem schwarzem Holz und Vorhängen aus Ketten deutlich. Diese Vielfalt künstlicher Materialien ergänzen die Pflanzen mit der ihnen eigenen Textur, Form und Farbe.

Hier handelt es sich nicht um irgendeinen beliebigen Kontrast, der eine offensichtliche optische Wirkung erzeugen soll. Izues Vorstellung ist tiefer gehend, die Kontraste fügen sich zu einer Gesamtheit zusammen – Yin und Yang, Mann und Frau: »Der Garten steht für die Frau, das Haus für den Mann. Sie bilden eine Einheit.« Die Anwendung des Yin-Yang-Prinzips auf den Garten ist nicht neu, man findet es beispielsweise in den Setzungen männlicher und weiblicher Steine, die in den »Wandelgärten« der Edo-Zeit (1603–1868) so beliebt waren. Izue jedoch lässt den ganzen Garten das Weibliche ausdrücken; dessen weichere Komponenten stehen im Kontrast zu den härteren Materialien und Linien der Gebäudeteile. (Aus eigenwilligen Gründen betrachtet Izue Glas als feminin, was die ausgedehnten Fensterflächen zur Nahtstelle in dieser Mann-Frau-Verbindung macht.)

Jedes Material – und dazu zählen auch die Pflanzen – übernehmen in dem Konzept eine Rolle. So befindet sich in einem Winkel zwischen zwei Mauern auf der der Straße zugewandten Ostseite des Anwesens ein langgezogener, in der Grundfläche dreieckiger Hang; hier setzte Izue die weiche Form eines goldlaubigen Fächerahorns *(Acer palmatum)* vor strenge, senkrechte Betonvorsprünge. Er füllte die ganze Fläche mit *okamezasa*, Bam-

Der Kontrast zwischen hart (männlich) und weich (weiblich) beginnt bereits außerhalb des Gartens. Ahorn und Bambusgras werden wie architektonische Materialien eingesetzt; ausschlaggebend für die Wahl war ihre zarte Textur, die zu den unbeweglichen Senkrechten und Waagerechten der Mauern und der Betonvorsprünge im Kontrast steht.

Kan Izue hat sich der künstlerischen Wiederverwertung alter japanischer Dachziegel verschrieben. Seine Verlegemuster entstehen, indem er die Ziegel in das Erdreich setzt – und zwar meist aufrecht, so dass nur ihre Kanten zu sehen sind – und die Lücken dann mit Kies füllt.

Das kreisförmige Gästezimmer liegt in einem eigenen kleinen Garten, wie auch der Plan auf der folgenden Seite zeigt. Es dominiert den Blick von den meisten Räumen und ist besonders gut vom verglasten Korridor aus zu sehen. Ein Sternenkranz aus Gras und Ziegeln umgibt den Raum; der *daimyōdake*-Bambus *(Semiarundinaria fastuosa)* wurde auf Dachhöhe gekappt und zu Gruppen getrimmt.

Alte *kawara*-Ziegel sind überall im Garten, ja sogar in jeder Pflanzlücke in das Erdreich gebettet. Allein die große Zahl unterschiedlicher Formen, in denen die Ziegel angefertigt wurden, macht es leicht, sie zu kontrastierenden Mustern zusammenzufügen. Hier verwendete Izue die Hauptdekoration einer Giebelspitze – ein Dämonengesicht.

busgras *(Shibataea kumasaca* Nakai), das er um seiner weichen, breiten Blättchen und seiner biegsamen Halme willen wählte. Innerhalb des Anwesens wurden die männlicheren Bäume wie Kiefern gemieden und stattdessen Kamelien gewählt; den runden Schlafraum umgab er schließlich mit einer Anpflanzung von hohem Säulenbambus *daimyōdake (Semiarundinaria fastuosa)* und *ryūnohige*, dem grasartigen Schlangenbart *(Ophiopogon japonicus)*.

Unbepflanzte Gartenflächen sind in ähnlicher Weise wie bei dem Dachziegelmuseum mit Bruchstücken alter *kawara*-Ziegel befestigt, die aus dem Kobe-Erdbeben von 1995 stammen. Sogar diese unterstützen den femininen Aspekt des Gartens. »Eben dass sie zerbrochen waren, ist einer der Gründe, warum ich sie hier verwende. Dies ist Recycling und Recycling ist Wiedergeburt.« Es existieren wenigsten vierzig verschiedene Formen traditioneller *kawara* für die unterschiedlichen Bereiche verschiedener Dachformen, von den einfachen runden, überlappend verlegten Ziegeln für die Hauptflächen über dic Halbzylinder der Firstziegel bis hin zu den kunstvoll ausgeführten maskenartigen Abschlussziegeln, die wie Wasserspeier aussehen und die Giebelenden schmücken. Mit dieser reichhaltigen Palette lassen sich viele Verlegemuster zusammenstellen.

Izue fühlt sich zu diesen alten Ziegeln ganz besonders hingezogen; er bezeichnet sie als »stilles« Material, ebenso wie Stein. Sie haben eine reiche Geschichte, verwittern und werden mit der Zeit immer attraktiver – für den Designer beinhaltet das japanische Wort *utsukushi*, »schön«, auch die Eigenschaft würdevollen Alterns. Dachziegel werden noch immer verwendet, besonders auf dem Land, doch das Herstellungsverfahren ist verbessert worden, so dass die neuen Ziegel kein Wasser absorbieren und daher auch nicht im Winter springen – in Izues Augen eine rein funktionale Verbesserung. Er hingegen rumpelt seine Ziegelfragmente vor dem Verlegen mit Sand in einer Betonmischmaschine; dieses Verfahren beschleunigt den Alterungsprozess der Ziegelfragmente und macht ihre Konturen weicher.

Im Gästezimmer fällt der Blick durch einen Kettenvorhang auf den Bambus. Izue gefiel die an einen schimmernden Wasserfall erinnernde Wirkung der Ketten; als Material gab er Edelstahl vor, dessen Glanz ungetrübt bleibt.

Auf dem Grundriss wird deutlich, wie sich die Gebäudeteile und mehrere kleine Gartenbereiche zusammenfügen; dieses Design erhöht den visuellen Reiz und den Wunsch, auf Erkundungsgang zu gehen. Unten rechts liegt der Haupteingang, den man über eine kleine Brücke über einen Bach erreicht. Das kreisförmige Gästezimmer ist auf der Zeichnung oben rechts sichtbar.

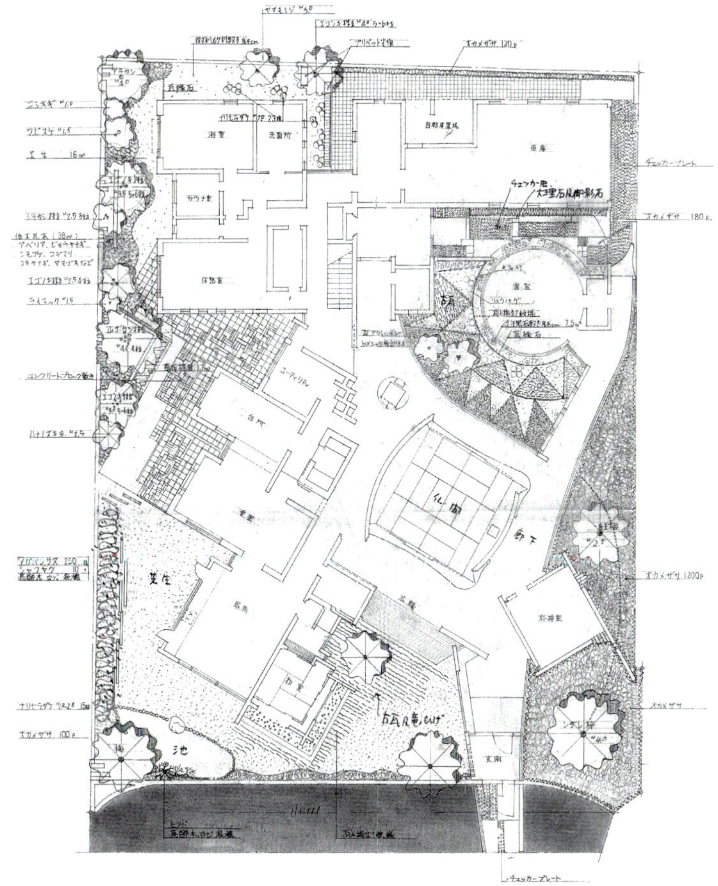

Auf den ersten Blick ein traditioneller japanischer *tatami*-Raum, ist das Design der Wand doch ausgesprochen originell; es wurde einzig dazu entworfen, ausgewählte Einblicke in den Garten zu gewähren. Zwar lassen sich auf allen drei Ebenen Läden öffnen und schließen und das obere und untere Wandelement verschieben, doch das mittlere Paneel ist feststehend, wodurch der Blick auf die ganze Kamelie unmöglich ist.

Durch den geschwungenen Verlauf der Mauer um den Hauptgarten entsteht ein kleiner Bereich für Beete an der Straßenseite. Die Idee des *genkan-niwa,* des kleinen Vorgartens nahe dem Hauseingang, ist ein typisch japanisches Konzept.

Ansichten eines gekrümmten Raums

Entwurf: Yasujirō Aoki und Chitoshi Kihara

Geschwungene Betonmauern geben bei diesem Haus in Mihara bei Osaka nicht nur den kurvigen Wegverlauf durch den bis auf die Straße reichenden Vorgarten vor, sondern umschließen gleichzeitig einen in höchstem Maße geordneten Gartenbereich, der sich nur auf streng festgelegte Weise dem Blick offenbart. Mauerrundungen entsprechen nicht der von rechten Winkeln dominierten japanischen Gartentradition. Laut Günter Nitschke, Direktor des Instituts für Ostasiatische Architektur und Urbanistik in Kyoto, besteht das allgemeine Grundmotiv des Japanischen Gartens in der Überlagerung der Natur durch die vom Menschen geschaffene Perfektion, eine Kombination zweier Formen von Schönheit, die in der Zufälligkeit der natürlichen Gestalt und der strengen Geometrie des rechten Winkels kulminiert.

Die künstliche Umformung von Natur in einen Garten ist in Japan stark auf die Abgeschlossenheit des Raums angewiesen, und hier vor allem auf den künstlichen Hintergrund und die Rahmengebung. Ein linearer Hintergrund wie etwa die Mauern des Trockenlandschaftsgartens des Ryōan-ji-Tempels in Kyoto bildet einen bewusst starken Kontrast zu den Formen der Natur; in diesem Haus jedoch wollte der Architekt Chitoshi Kihara einen freundlicheren, mehrdeutigeren Hintergrund schaffen. Der Hauptgarten steht trotz seiner geringen Größe ganz und gar im Mittelpunkt des Interesses; sein Grundriss ist ein Viertelkreis, wobei der Blick vom Haus auf die geschwungene Außenmauer fällt. Die Kurven stehen in einer interessanten Wechselbeziehung zu dem streng rechteckigen Rahmen, den das Panoramafenster des Wohnzimmers einbringt.

Dieses Projekt war weder das erste noch das letzte, bei dem Kihara eng mit Yasujirō Aoki kooperierte, der den Garten entwarf. Das Thema hier sind der mit Hilfe von Andeutungen, Anspielungen und partiellen Öffnungen kontrollierte Blick sowie der Weg, der an der Straße beim Eingangstor seinen Anfang nimmt und erst im zweiten Raum endet – hinter dem Hauptwohnraum mit dem Panoramafenster liegt der große Teeraum. Links vom Straßeneingang, direkt vor dem Tor, gewährt ein »Fenster« aus senkrechten Mauerschlitzen einen winzigen Einblick in den kleinen inneren Garten – gerade genug, um den Appetit anzuregen.

Gleich hinter dem Tor pflanzte Aoki einen *tendaiuyaku*-Baum *(Lindera strychnifolia)*, einen Fieberstrauch-Verwandten, der als Symbol für langes Leben und somit auch für Ärzte gilt

(der Hausbesitzer ist niedergelassener Arzt). Dahinter befindet sich in der runden Mauer ein kleiner, nach innen zu öffnender Holzladen. Die seltsamen Proportionen dieser Öffnung, nicht Tür und nicht Fenster, verweisen auf den kleinen Eingang zum Teeraum – den »Kriecheingang«.

Ist der Besucher im Haus, so öffnet sich ihm ein perfekt inszenierter Blick auf den Garten und seine Hauptattraktion, eine siebzigjährige Kamelie *(Camellia wabisuke)*, die wegen ihrer nur zwei Zentimeter großen, im Winter blühenden weißen Blüten geschätzt wird. Inmitten einer mit feinem Kies bedeckten Fläche thront dieser Baum auf einer kommaförmigen Erhebung aus schwarzem Torf. Der Hügel nimmt den Schwung der Mauer auf und sein dunkler Farbkontrast hebt herabgefallene Blüten deutlich hervor. Aoki zog bräunlichen Kies dem eher üblichen weißen Sand nicht nur aufgrund seiner sanfteren Färbung vor, sondern auch, weil er die Temperatur des Bodens darunter stabiler hält.

Mit einem Dreigespann von Pflanzen wird eine perspektivische Wirkung bewusst herbeigeführt, welche die Krümmung der Wand noch überhöht. Aoki beabsichtigte, die Tiefenwirkung des Gartens für den Betrachter am Panoramafenster zu intensivieren; das bewirkte er durch Pflanzen, deren Blattgröße immer weiter abnimmt, von der Zimmeraralie *yatsude (Fatsia japonica)* direkt beim Fenster im Vordergrund über den Kranz aus *tsuwabuki (Farfugium japo-*

Durch das Panoramafenster des modernen Wohnzimmers fällt der Blick ungehindert in den Garten. Ein Jahr nach dessen Fertigstellung fügte Aoki noch einige Pflanzen hinzu: Das großformatige Laub der Aralie *(Fatsia japonica)* beim Fenster und die winzigen Blätter des Buchsbaums *(Buxus microphylla)* in dem gegenüber liegenden Mauerwinkel verstärken die Tiefenwirkung durch eine optische Täuschung. Das Auge will die Blätter als gleich groß einstufen und nimmt daher den Abstand zwischen den Gehölzen als größer wahr.

In der Rinne zwischen Eingangsweg und Mauer blockiert eine fast perfekte Granitkugel den »Bach« aus grün-glänzenden Flusskieseln. Einfallsreiche Details wie dieses sind typisch für die Arbeit des Designers.

nicum Kita) um den Fuß der Kamelie bis hin zu dem Kleinblättrigen Buchs *kinmetsuge (Buxus microphylla)* ganz im Hintergrund.

Durch eine Tür auf der anderen Seite des Wohnzimmers betritt der Gast den übergroßen Teeraum. Eine ungewöhnliche dreigeteilte Anordnung von *shōji*-Gleitelementen öffnet sich zum Garten und zu der Kamelie. Hier erwartet den Besucher jedoch eine Überraschung: Die Schiebeelemente sind so angeordnet, dass der uneingeschränkte Blick auf die Kamelie nicht möglich ist; sie gestatten lediglich unterschiedliche Teilansichten. Diese Kontrolle war von Aoki und Kihara beabsichtigt, die dem Betrachter ein »Nachbild« des Baums vermitteln wollen, den er bereits aus einem anderen Blickwinkel erfahren hat.

Trotz des beschnittenen Anblicks bleibt der Baum weiterhin im Mittelpunkt der Aufmerksamkeit; tatsächlich steht er in einem ganz besonderen Bezug zur Teezeremonie. Angeblich brachte der Shogun Hideyoshi Toyotomi (1536–98) diese Kamelienspezies von einem Feldzug in Korea mit und Sen-no-Rikyū, der die Teezeremonie perfektionierte, entwickelte eine besondere Zuneigung zu ihr – daher auch der Name, der auf das der Zeremonie innewohnende, manchmal als »Armut« oder »Selbstzucht« wiedergegebene Konzept des *wabi* Bezug nimmt.

Wogengarten

Entwurf: Shunmyō Masuno

Nach vier Jahren Arbeit wurde im Jahr 2001 der Garten des neuen Cerulean Tower Tokyū-Hotels in Shibuya fertiggestellt; er wird als eine der eindrucksvollsten Landschaftsdarstellungen Shunmyō Masunos betrachtet. Den das große Rund der hohen Glasflächen von Foyer und Lounge umspannenden Garten beherrschen aufgetürmte Wogen aus weißem, schroff behauenem Granit; dazwischen sind Streifen von Moos und Schotter eingefügt. Und Wellen sind das Thema des Gartens; sie brechen sich am Hotel»strand« und sprechen die Sprache des *karesansui*, des Trockenlandschaftsgartens (siehe Seite 18–21).

Wie in seinen anderen für öffentliche Bereiche entworfenen Zen-Gärten bezweckt Masuno auch hier die Beruhigung des Geistes, eine um so notwendigere Aufgabe angesichts der Lage des Hotels unweit des irrsinnig verkehrsreichen Shibuya-Knotenpunktes, an dem fünf Bahnlinien, eine der Hauptgeschäftsstraßen der Stadt und die Stadtautobahn zusammentreffen. Masuno nennt den Garten *Kanza-tei* – »Stillen Gemütes sitzen« – und spielt damit auf einen Satz der Zen-Lehre an: *Kanza-shōfu wo kiku* – »Heiteren Gemütes sitzend hört man das Säuseln des Windes in den Föhren.«

Hauptkomponente des Gartens sind Terrassen aus weißem Granit, welche die Meereswogen darstellen; sie lassen in stärkerem Maße als fast alle übrigen Gärten Masunos die Hand des Steinhauers sichtbar werden, denn viele weisen an ihren Kanten noch die Spuren des Spaltwerkzeugs auf. Eine von Masunos Neuerungen im Zen-Garten ist die Verwendung von behauenem Stein. Traditionell wurden Steine so verwendet, wie sie vorgefunden wurden, wobei man zwar ihrer Ausrichtung und Platzierung große Aufmerksamkeit widmete, die Steine selbst jedoch nicht antastete. In der Momoyama-Zeit (1573–1603) hatte bearbeiteter Stein in Gestalt von Wasserbecken, Trittsteinen und steinernen *tōro*-Laternen Einzug in den Garten gehalten, doch zu jener Zeit hatte die Bearbeitung rein funktionellen Charakter.

Erst weit nach dem Zweiten Weltkrieg begann gestalteter Stein auch im Garten einen Platz in skulpturalen Kompositionen zu finden. Bei den Vorplätzen, Eingangsbereichen und Innenhö-

Terrassierte helle Granitstufen ziehen sich als zentrales gestaltendes Element des schmalen Gartenstreifens um die Rundung von Hotelfoyer und Lounge (rechts vom Bild). Sie symbolisieren Wogen, die sich an der Küste brechen, die hier als ein »Strand« aus Geröll und Felsbrocken dargestellt ist. Eine in Bodenhöhe installierte indirekte Beleuchtung hebt die Absätze zusätzlich hervor.

Einige der großen Felsen, die in diesem Garten verbaut wurden, wurden auf der Unterseite mühsam ausgehöhlt, um ihr Gewicht und damit die Belastung der Bausubstanz zu verringern. Einer der Steine hatte eine natürliche Vertiefung auf der Oberseite; Masuno ließ sich davon inspirieren, ihn umzudrehen und so einen natürlich wirkenden Felsenbogen zu schaffen.

fen von öffentlichen und Regierungsgebäuden, von Firmensitzen und großen Hotels im westlichen Stil betrat die Gartengestaltung neues Terrain und Stein war für diese stark konzentrierten, exponierten Bereiche besonders gut geeignet. Stein bietet eine Reihe von Vorzügen: Er kann als Skulptur behandelt werden; er lässt sich derart markant gestalten, dass er auch von großformatiger moderner Architektur nicht erdrückt wird, und er erfordert minimale Pflegemaßnahmen. Zu den frühesten Beispielen zählen der Teich- und Steingarten für den Regierungssitz der Präfektur Kagawa von Kenzō Tange (1958) und der Wasserfall mit rechteckig behauenem Stein, den der Bildhauer Masayuki Nagare 1961 für das Palace-Hotel in Tokio schuf.

Mit der Steinbearbeitung begannen nun auch Vorstellungen und Techniken aus dem Bereich der Kunst auf das Gartendesign oder zumindest auf einzelne Komponenten zu wirken. Der hier wohl einflussreichste Bildhauer war Isamu Noguchi (1904–1988); er verfügte nicht nur über ein ausgezeichnetes Verständnis für das Material und Geschick bei der Kombination von bearbeiteten mit unbearbeiteten Oberflächen, sondern hatte eine konkrete Vision von der Rolle des Steins im Garten und des Gartens in der Gesellschaft. In seinem Buch *The Road I Have Walked* schreibt er: »Ich glaube, mein unbezwingbarer Drang, Gärten etc. schaffen zu wollen, liegt in diesem Nutzen begründet; er dient gewissermaßen der Vermenschlichung des Raums und der Vermenschlichung der Skulptur. Skulptur erfüllt keinen rein dekorativen Zweck ... Vielmehr ist sie etwas tatsächlich sehr Nützliches, eng mit dem Leben der Menschen Verbundenes. Mit Verlaub, ich glaube, der Grund dafür liegt wahrscheinlich in meinem persönlichen Hintergrund: Das Bedürfnis, zu spüren, dass es einen Ort auf Erden gibt, den ein Künstler derart beeinflussen kann, dass die Kunst dort das Leben besser macht und die Chancen auf Überleben erhöht.«

Hier sind bereits die Anfänge einer spirituellen Argumentation für die Steinbearbeitung zu erkennen, was jedoch nicht heißen soll, dass sämtliche gartenschaffenden Bildhauer demselben Pfad folgen. Shunmyō Masuno betrachtet sie als ein Ausdrucksmittel, das der im Zen begründeten Absicht seiner Gärten weiterhilft – der Hilfe auf dem Weg zur Selbsterkenntnis. So sagt er: »Ein Zen-Garten sollte mit den Menschen, die ihn betrachten, im Einklang sein; ein unvergesslicher Garten wird zu einem wesentlichen Teil im Leben eines Menschen.«

Ein wesentlicher Faktor auf Masunos Wanderschaft durch modernes Zen-Gartendesign ist seine Kooperation mit dem Steinmetz Masatoshi Izumi, der auch mit Noguchi eng zusammengearbeitet hatte. Dieser schreibt: »Inzwischen findet im Garten auch gebrochener Stein Verwendung, der die Spuren menschlichen Eingreifens trägt, eine Tendenz, die zweifellos in dem Streben nach Naturschutz auch innerhalb der Disziplin Landschaftsdesign begründet ist. Dies wiederum wird zur Quelle eines beinahe unbeschreiblichen Gefühls des Erstaunens, wenn neue Oberflächenstrukturen und -eigenschaften aus dem Inneren eines großen gespaltenen Felsens zum ersten Male Luft und Blicken ausgesetzt sind, eines Felsens, der vielleicht so schwer war, dass er aus seiner natürlichen Lagerstätte herausgesprengt werden musste.« Eben solch ein Ereignis, bei dem ein Steinbogen freigelegt wurde, findet sich in diesem Garten in einem intakten, massiven Stein, der die weißen Granitwellen von einer Terrasse trennt, auf der sich eine Kiefer erhebt.

Wie immer rangiert der Blick aus dem Hausinneren an erster Stelle und die Kiefer spielt eine Hauptrolle in einer wohlkonstruierten Blickachse. Betritt ein Gast von der Straße aus die Lobby, so erblickt er als zentrales *Objet d'art* ein von Masuno gestaltetes, massives Blumenbecken aus gespaltenem Stein. In Verlängerung dieser Linie ragt hinter dem Fenster die Kiefer von ihrem moosbewachsenen Hügel auf und dahinter ein von terrassierten Granitstufen dargestellter Wasserfall. Diese Stufen befinden sich jenseits eines öffentlichen Fußwegs, der sich hinter den Pflanzungen dahinschlängelt, wodurch sie noch weiter in die Ferne gerückt sind. Zur Linken dieser Anordnung zeigt sich der Garten den Gästen des Cafés wieder von einer anderen Seite: Von dort fällt der Blick auf beinahe horizontal verlegte dunkle Granitflächen, die durch verschiedene Bearbeitungsmethoden mit polierten bis hin zu gemeißelten, genarbten Oberflächenstrukturen versehen wurden.

Zur Linken der Granit»wogen« erhebt sich eine schöne alte Kiefer, die sorgsam in der Blickachse platziert wurde, die sich beim Betreten des Foyers ergibt. Hinter aufeinander geschichteten Lagen von Granit und Moos liegt ein tief liegender Fußweg verborgen, der unterhalb der drei obersten Stufen verläuft.

Ein großes Bassin aus schwarzem Granit steht genau in der Mitte des Foyers; es dient als Behälter für ein jahreszeitlich wechselndes Blumenarrangement – hier das Frühlingsgesteck. Das Objekt ist in das Gartenerlebnis der Gäste mit eingebunden.

Auf einem sanften Hang vor dem Café ist ein Steingarten angelegt, dessen Granit zum größten Teil dunkler ist als die »Wogen«. Manche Oberflächen wurden mit dem Meißel bearbeitet, andere wiederum poliert. Eine in den größten aufrechten Stein gemeißelte Kreisform stellt die Sonne dar.

Balkonkunst

Entwurf: Tsuyoshi Nagasaki

Auf zwei kleinen, benachbarten Balkonen eines Apartmenthauses in dem Tokioter Wohnbezirk Azabu schuf der Künstler und Designer Tsuyoshi Nagasaki zwei Miniaturgärten zur reinen Betrachtung – Installationen, die ebenso sehr Kunst wie Garten sind. Wie Kazumasa Ohira (siehe Seite 116–119) wechselt auch Nagasaki leichtfüßig zwischen Gartendesign und anderen Kunstrichtungen hin und her. Nach Abschluss seines Studiums der Malerei an Tokios Geijitsu-Universität zog er nach Spanien, wo er mit Holzschnitt zu arbeiten begann. Dies weckte sein Interesse an Bäumen und letztendlich Gärten.

Die beiden Aufträge folgten direkt nacheinander – während er an dem ersten arbeitete, bat ihn die Nachbarin um einen Entwurf für ihren Balkon. Beide haben denselben Grundriss von nur ein mal drei Metern und sind auf drei Seiten von den Fensterflächen des Wohnraums umschlossen. Mit dem Argument, diese Bodenfläche sei zu klein, um tatsächlich genutzt zu werden, schuf Nagasaki zwei winzige Schaugärten. Tatsächlich lassen die Glasflächen den Eindruck eines Präsentationskastens entstehen. Für beide Gärten existierte die durch die Hausordnung vorgegebene Bedingung, dass sie ohne Erde auskommen mussten.

Beim ersten Garten berief sich Nagasaki auf getrockneten, geschnittenen *kurotake*-Schwarzrohrbambus aus der Präfektur Chiba, um trotz des bewussten Verzichts auf grüne Pflanzen einen Eindruck von Natur zu vermitteln. Diese Bambusart ist in Japan als Zaunmaterial weit verbreitet, wird jedoch normalerweise in Bündeln verwendet. Nagasaki strebte einen weicheren, weniger konkreten Eindruck an und staffelte daher die Halme, indem er sie in ein Beet von weißen Kieseln hinter dem hellen Holzbelag »pflanzte«. Ihm schwebte vor, in diesem winzigen Raum »den Eindruck eines Miniatur-Waldes im Schnee« zu vermitteln. Die Staffelung der Bambusrohre lässt vor allem bei Nacht einen geheimnisvollen Eindruck von Tiefe entstehen.

Die als *shironachi* bezeichneten Kiesel sind eine besondere Sorte aus der Präfektur Wakayama; sie sind für ihre makellose Reinheit bekannt und werden daher auch als die weißen

Auch wenn diese Halme sorgsam gepflanzt erscheinen, so handelt es sich hier doch um nichts anderes als geschnittenen schwarzen *kurotake*-Bambus. Das üblicherweise zum Bau von Zäunen verwendete Material setzt der Designer hier als Metapher für dunkle Bäume im Schnee ein, der mit sorgfältig ausgewählten rein weißen Kieseln dargestellt wird.

Bei einem Zaun an der Schmalseite eines der Balkone mischt sich helleres Rohr unter den dunklen Bambus. Dieser schlichte Farbwechsel rückt eine eigentlich einfache Konstruktion optisch in den Blickpunkt.

Die Tochter der Familie, für die Nagasaki diesen Balkon schuf, taufte ihn ihren »Fantasy-Garten«, da er den Eindruck einer fremdartigen Miniatur-Landschaft hervorruft. Obgleich er nichts Lebendiges enthält, verändert sich doch sein Aussehen im Laufe eines Tages und mehr noch in der Nacht, wenn würfelförmige, vom Designer entworfene Leuchten ihr künstliches Licht streuen, so sehr, dass ein Eindruck von Natur entsteht.

Jedes einzelne Element fügt sich in das Design des zweiten Balkons. Der Ahorn wurde passend zu den vorherrschenden Vertikalen und Horizontalen gezogen und beschnitten, und die innere Lage des Bambussichtschutzes wurde so ausgeschnitten, dass sie den seitwärts strebenden Ast des Ahorns rahmt.

Ungeachtet der Tatsache, dass die Balkongärten zu klein zur praktischen Nutzung sind, wie dieser Blick aus einem der Apartments verdeutlicht, wurde einem jeden Detail höchste Aufmerksamkeit gewidmet. Die kastenartige Umrahmung durch die Fensterwand verstärkt den Eindruck, dass der Bereich als Installationskunst gedacht ist.

Spielsteine im traditionellen japanischen Brettspiel Go benutzt, das dem Schachspiel nicht unähnlich ist. Wie Nagasaki erklärt, werden die meisten weißen Kiesel heute aus Taiwan importiert; diese tendieren jedoch zu Verfärbungen ins Gelbliche, weshalb er mit seiner gewohnten Genauigkeit auf den japanischen *shironachi* bestand.

Sogar die würfelförmigen Leuchten sind von Nagasaki entworfene Kunstwerke. Eine eigens angefertigte eiserne Würfelform mit zwei Kieseln darin wurde einem Glasbläser übergeben, der seine übliche Verfahrenstechnik entsprechend anpasste. Die mit der Glasbläserpfeife aufgenommene Glasschmelze, den sog. Kölbel, erhitzte er, bis sie zähflüssig war, um sie sodann in die Eisenform zu setzen. Das Glas übernahm beim Blasen die vorgegebene Würfelform und weist darüber hinaus von den Kieseln verursachte ovale Einbuchtungen auf.

Der Gestaltung des zweiten Balkons näherte sich Nagasaki nach Absprache mit der Eigentümerin, die einen Garten zur Mondbetrachtung wünschte, unter einem eher plastisch-gestalterischen Aspekt. Er entschied sich für einen hellen Bodenbelag, der auf eine abstrakte, unspezifische Weise dem Himmel ähnelt. Seine Wahl fiel auf einen weißen Granit aus Korea, den er zu kleinen, quadratischen Blöcken schnitt, den Grundeinheiten eines Schachbrettmusters – *ichimatsu* auf Japanisch. Flach belassene Steinblöcke wechseln mit anderen ab, deren Oberfläche er zu unregelmäßigen Buckeln im *kobudashi*-Stil arbeitete – ein traditionelles Verfahren für Steinmauern, das auf dahinziehende Wolken anspielt. Um einen Eindruck von Leichtigkeit und Natur zu erzeugen und um eine – wie er meint – gewisse Melancholie einzubringen, ordnete Nagasaki die unebenen höckerigen Steine so an, dass sie sich von rechts nach links verflüchtigen. Dies erinnert an das Schachbrettmuster aus Moos und Steinen beim Tofuku-ji-Tempel in Tokio, den Mirei Shigemori nach einem Brand im Jahre 1940 neu entwarf.

Auf der Seite, wo die unebenen Steine fast vollständig verschwunden sind, platzierte Nagasaki als Gegengewicht einen Fächerahorn *(Acer palmatum)* in einer Schale, der durch seine relativ großen Blätter auffällt. Als Hintergrund dient ein von ihm entworfener Bambuszaun. Die als *metake* bezeichnete Spezies *(Arundinaria japonica)* ist für ihr dünnes Rohr bekannt; Nagasaki ordnete die Stäbe waagerecht an und verflocht sie nicht mit der üblichen schwarzen Schnur, sondern mit Glyzinienranken, die zu diesem Zweck zwei Stunden eingeweicht wurden. In den Granitboden bettete er würfelförmige Glasleuchten ein, die im Prinzip auf die gleiche Weise hergestellt wurden wie die der Nachbarn; der Unterschied besteht in der Oberseite, die hier den Abdruck eines in die Form gelegten Granitbruchstücks trägt.

Auf dem zweiten Balkon installierte Nagasaki würfelförmige Glasleuchten, deren Oberseite durch eine Graniteinlage in der Eisenform geprägt wurde. Der Bodenbelag aus Granit wurde passend für die Hohlwürfel ausgestemmt; die Anschlüsse sind unter den Steinplatten verlegt.

Terrasse in Handarbeit

Entwurf: Tsuyoshi Nagasaki

Zu Tsuyoshi Nagasakis akribischen Kreationen zählt auch dieser Terrassengarten für eine junge Familie in Kichijouji, einem angenehmen Vorort Tokios; er nimmt nur wenig mehr Raum ein als die beiden Balkongärten in Azabu (Seite 110–113). Die zur Verfügung stehende Fläche liegt direkt an der schmalen Straße vor dem Haus, doch in dieser nachbarschaftlichen Wohngegend in der Nähe eines großen Parks war Sichtschutz kein Thema. Die Auftraggeber wünschten vielmehr einen Bereich, in dem ihre beiden kleinen Kinder spielen können. Eine zweite Vorgabe war, die große Kakipflaume *(Diospyros kaki)* vor dem Haus zu erhalten, denn der Besitzer, der einer Linie von Shinto-Priestern entstammt, kann aus religiösen Gründen eine Zerstörung von Natur nicht gutheißen.

Nagasaki entschied sich für ein helles Thema und wählte Pflanzen und Baumaterial entsprechend aus. Er zieht es vor, alle Arbeiten selbst auszuführen, und baute den Kakibaum in das Deck mit ein. Da die Terrasse aller Voraussicht nach intensiv von den Kindern genutzt werden wird, beschränkte er die Pflanzungen auf den Randbereich der Anlage. Gleichzeitig achtete er bei dem Geländer darauf, dass es den Blick auf die Pflanzen und auf die patinierten Kupferlaternen nicht verdeckt; bei diesen handelt es sich um in den USA hergestellte Interpretationen der traditionellen japanischen *tōro*-Steinlaternen. Der Gesamtplan sieht vor, Deck und Geländer zu entfernen und die Pflanzfläche zu vergrößern, wenn die Kinder größer sind; momentan konzentriert sich die Bepflanzung auf ein geschwungenes Beet rund um das Deck.

Die niedrige Mauer um das Beet besteht aus weißen, verwitterten australischen Klinkern, die Nagasaki auch als Belag für den Eingang neben der Terrasse verwendete; zusätzlich sind hier kleine, wiederverwertete Kacheln aus Spanien eingebracht. Das Maurerhandwerk zählt nicht zu den traditionellen japanischen Künsten und so setzte er die im Blockverbund verlegten Ziegel im Eingangsbereich eigenhändig. Um der Mauer zusätzlichen Reiz zu geben, brachte er als scharfen Kontrast zu den hellen Backsteinen schwarze vulkanische Felsen ein, in die er die Mauersteine entsprechend einpasste.

Die Kakipflaume, eine sehr alte japanische Obstsorte, hat meist ein ausgesprochen dichtes Blätterdach – zu dicht für diesen Standort. Der Begriff des japanischen Gärtners ist *komu*, gedrängt, und das übliche Verfahren ist das Auslichten durch Herausnehmen einiger Äste. Aus ästhetischen Gründen zog es Nagasaki jedoch vor in einem aufwendigeren Verfahren das Laub auszulichten, um die Form des Geästs zu erhalten. Da die Terrasse nach Südosten liegt, wurde ein zweiter Baum als Schattenspender für den Sommer benötigt und hier fiel die Wahl auf eine Kräuselmyrte *(Lagerstroemia indica)*. Attraktiv ist dieser während der Edo-Zeit aus Südchina importierte Baum vor allem aufgrund seiner seidig glatten, rötlichen Rinde und seiner weißen Blüten. (Es existierten auch Varianten in Rottönen, doch Nagasaki war daran gelegen, das helle Thema des Gartens fortzuführen.) Der Griff der Pforte ist aus dem Holz desselben Baums gefertigt.

Hinter dem Haus legte Nagasaki einen Pfad aus quadratischen Trittsteinen aus Beton an; in manche von ihnen sind von den Kindern gesammelte Murmeln und Muscheln eingearbeitet, während andere Abdrücke von Farnwedeln und die Handabdrücke der Familienmitglieder aufweisen.

Blick von der Straße vor dem Haus auf den Terrassengarten. Sind das vom Designer selbst verlegte Deck mit Geländer später einmal nicht mehr als Spielbereich nötig, so werden sie weiteren Pflanzungen weichen.

Diesen Trittstein hinter dem Haus dekorierten alle Familienmitglieder mit einem Handabdruck in den noch feuchten Zement. In weitere Wegplatten sind von den Kindern ausgewählte Dekorationen eingebettet.

Einerseits strebte Nagasaki eine subtile Farbzusammenstellung an und mied aus diesem Grund Blütenpflanzen in leuchtenden Farben; andererseits wollte er mit Kontrasten in Form und Farbe experimentieren. Zu diesem Zweck stellte er den hellen, verwitterten Ziegeln die mit Vertiefungen übersäten, organischen Gestalten aus dunklem Vulkangestein aus Ōshima gegenüber.

In der ersten Zeichnung für die Terrasse und die angrenzende Einfahrt ist das Projekt in seinen Grundzügen bereits festgelegt. Zu den von Nagasaki später durchgeführten Abänderungen zählen ein Geländer zur Wahrung der Privatsphäre und die Verwendung niedrigerer Pflanzen hinter der flachen Ziegelmauer.

Die Setzung der Trittsteine ist die Reaktion auf den rechteckigen Zuschnitt des Gartens; die Gabelung schafft einen Schwerpunkt zwischen Kiefer und gegenüber stehendem Ahorn.

Installationskunst

Entwurf: Kazumasa Ōhira

Dieses Steinarrangement auf Kies, das von zwei sich gegenüber stehenden Bäumen flankiert wird, ist ein Paradebeispiel konzentrierter Komposition; sein Designer verlieh ihm den Namen »Abstraktionsgarten«. In seinem Mittelpunkt steht als kleinste Komponente eine Wasserschale aus Keramik, die jedoch letztlich das mächtigste Gestaltungselement darstellt.

Schöpfer dieses Gartens ist der hochgeschätzte Bildhauer und Keramikkünstler Kazumasa Ōhira. Ursprünglich als Landschaftsdesigner ausgebildet, verbindet er ohne zu zögern die beiden Kunstrichtungen Gartendesign und Keramik miteinander – ein weiteres Beispiel dafür, dass in Japan dem Gartendesign derselbe Respekt entgegengebracht wird wie den anderen Künsten. Die Familie, der dieses Grundstück in der Stadt Kibugawa nahe dem Biwa-See gehört, produziert die Holzkisten, in denen hochwertige Keramik transportiert wird; daher auch ihre Bekanntschaft mit Ōhira, zu dessen Werkstatt und Brennöfen in den bewaldeten Hügeln es nur eine kurze Fahrt ist. Als der Zeitpunkt nahte, da der vorhandene Garten umgestaltet werden sollte, wussten sie bereits, an wen sie sich zu wenden hatten.

Ōhira betrachtete das Projekt als halb Garten, halb Installation. Gegenwärtig arbeitet er fast ausschließlich in Ton, behandelt diesen Werkstoff jedoch auf die gleiche Weise wie zuvor Metall und Stein in seinen »Umweltskulpturen«. Seine Keramiken haben eine charakteristische, an Stein erinnernde Beschaffenheit, die viele Menschen überrascht, die sie zum ersten Mal berühren und für Stein halten. Diese Beschaffenheit ist das Resultat langen Experimentierens mit den lokalen Shigaraki- und Iga-Tonen; Ōhira verfeinert den Ton, indem er ihn zunächst gründlich wäscht, um Unreinheiten auszuspülen, und dann mit Feldspat und Kieselerde vermengt. Einen weiteren Schritt in Richtung Stein geht er mit seiner derben Verarbeitung: Er fertigt seine Arbeiten so schwer und mächtig wie möglich, typischerweise mit fünf Zentimeter dicken Wänden. Die dadurch notwendige lange Trocknung kann bei einem großen Stück mehrere Monate dauern, worauf ein einziger Brennvorgang folgt. Das Resultat ist ein robustes Werkstück, das sowohl vom Material als auch von seinem Äußeren dafür geschaffen ist, sich

Eine Keramikschale aus der »Wasserbehältnis«-Serie des Künstlers steht am Abschluss eines Abzweigs der Trittsteine und im Blickpunkt des Gartens. Das Stück wirkt gut in dieser Umgebung, da die Fertigungstechnik ihm das Aussehen von bearbeitetem Stein verleiht.

Dieser anfängliche Plan sah vor, das »Wasserbehältnis« mit einer Weggabel zu umschließen. Die Idee wurde abgeändert, und obgleich heute der vorgebliche Zweck des Wegs die Verbindung des Seiteneingangs links mit dem gekachelten Haupteingang rechts ist, bietet die Verlegung der Steine auch etwas fürs Auge.

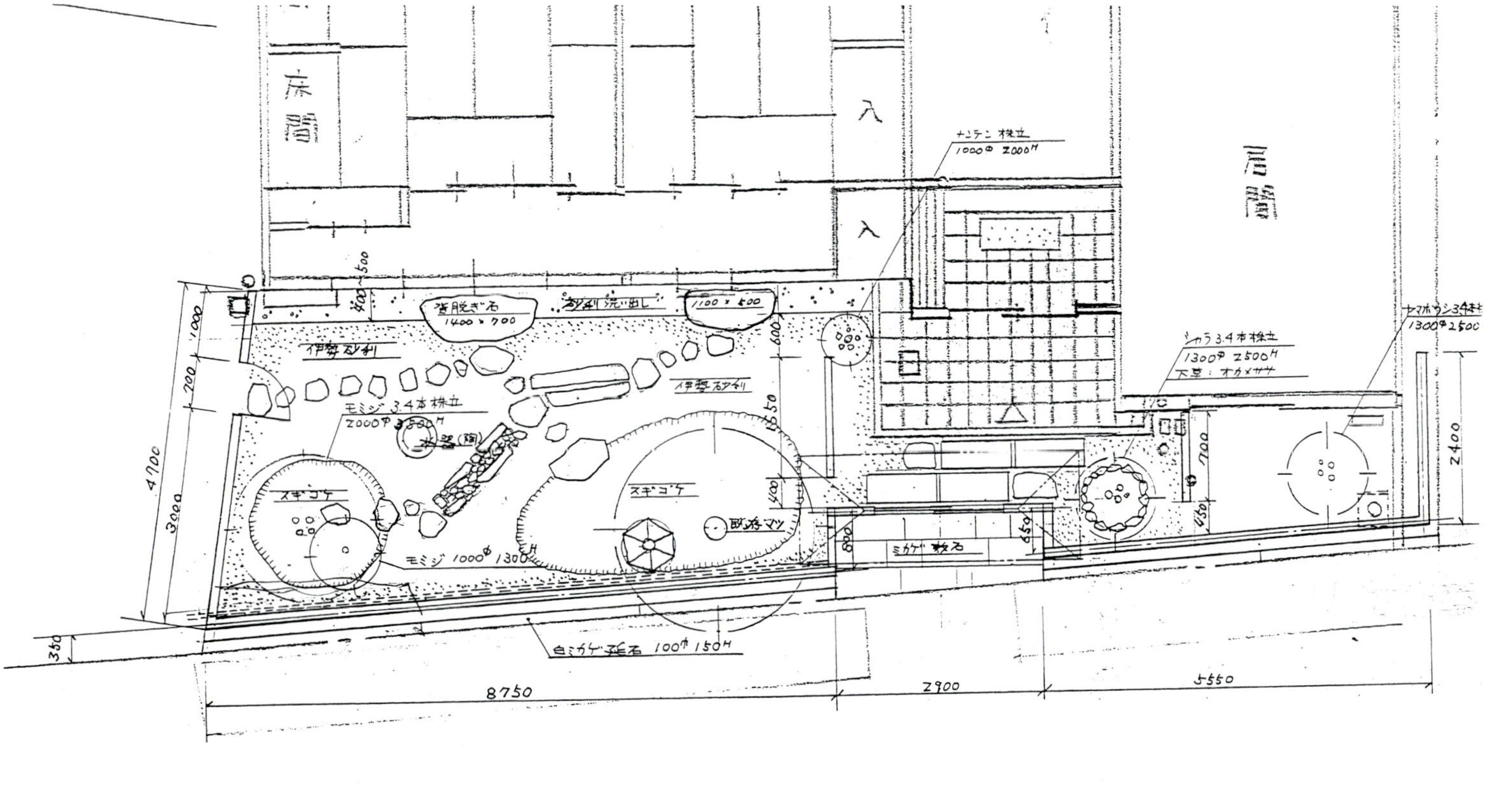

Es wäre ein Leichtes gewesen, dem Besucher, der sich der Haustür nähert, den ganzen Garten auf einen Blick zu präsentieren; der Designer jedoch entschied sich für einen weniger offenen Blick mit größerem Anreiz, indem er eine freistehende Mauer errichtete (links). Hier steht das Tor zum Garten offen, doch auch wenn es geschlossen ist, bleibt die Schwarzkiefer nicht ganz verborgen. Wer an die Mauerlücke herantritt, wird mit einem größeren Ausschnitt belohnt (rechts). Das Prinzip des Bildausschnitts gehört zum traditionellen japanischen Gartendesign.

Hinter einer Glasscheibe, die den Hauptflur in ganzer Breite abschließt, findet sich im hinteren Hausbereich ein winziger, mit Kieseln ausgelegter Garten. Hier, im Schutz der Seitenwände und der galvanisierten Eisenplatten im Hintergrund, präsentiert sich eine zweite Keramik des Künstlers. Die Schnittlinien der dünnen Metallplatten sind ein Echo des gezackten Randes des Kunstwerks.

draußen zu anderen Naturelementen zu gesellen, und tatsächlich stellt Ōhira bevorzugt in der Natur aus.

Das Stück, das er für diesen Garten auswählte, entstammt einer neueren Serie namens »Wasserbehältnisse« *(Mizuki)* und ist auf halbem Wege zwischen einer Schale und jenen Wasserbecken aus Stein anzusiedeln, die für traditionelle Gärten typisch sind. Die Gefäße sind jedoch nicht für die praktische Verwendung gedacht, sondern für die Zurschaustellung von Wasser. Ihre raue Textur erinnert an die nahen zerklüfteten Iga-Berge; das von ihnen aufgenommene Wasser steht als Symbol für Bergseen und Regenwasser, so dass in jedem der *Mizuki* die altbekannte japanische Leidenschaft für Berge und Wasser erneut zum Ausdruck kommt.

Ein vorgegebenes Element in dem Garten war die fünfzigjährige Kiefer in einer Ecke, ein Blickfang, den die Familie erhalten wollte. Es handelt sich um eine Japanische Schwarzkiefer, *kuromatsu (Pinus thunbergii)*, deren schwarze Borke von japanischen Gärtnern aufgrund ihrer Textur mit einem Schildkrötenpanzer verglichen wird. Als Gegengewicht pflanzte Ōhira einen zweiten Baum in die andere Ecke, wobei er als Ausgleich zu der maskulinen Erscheinung der Schwarzkiefer einen Ahorn wählte, der das Feminine repräsentiert. So brachte der Designer die Balance und den Gegensatz von Yin und Yang ein, die er in seinem dazwischen aufgestellten Wasserbehältnis zur Auflösung gelangen lässt. Da der Gartenbereich ganz mit Kies bedeckt werden sollte, intensivierte Ōhira die skulpturale Wirkung der Bäume, indem er jeden mit einem von zehn Zentimeter dickem, tiefgrünem *sugigoke*-Haarmützenmoos *(Polytrichum juniperinum)* überzogenen Hügel umgab. »Ich schuf zwei Inseln: eine stark, eine weich«, sagt er dazu.

Zu dem rechteckigen Garten existieren drei Zugänge: jeweils ein schmales Tor an den Seiten und in der Mitte einer Längsseite der Eingang zu einem *tatami*-Raum. Als Weg durch das Kiesmeer arrangierte Ōhira Trittsteine, die sich vom einen Tor zum anderen winden und dabei den Hauptstein vor dem *tatami*-Raum berühren – den *kutsunugi-ishi*, den »Stein, wo die Schuhe abgestreift werden«. Seine Wahl fiel auf diese Steine wegen ihrer rotbraunen Färbung; die japanische Bezeichnung lautet »Roststein«. Auf ihrer Durchquerung des Gartens machen die Trittsteine einen kleinen Umweg; an dieser Stelle löst sich ein diagonal abzweigendes langgestrecktes Rechteck aus kleineren, in Zement gesetzten Steinen. An dessen Ende, abseits und dennoch eindeutig im Mittelpunkt der Gesamtkomposition, befindet sich das Wasserbehältnis, dessen geriffelte Innenfläche eine Bewegung in der stillen Flüssigkeit suggeriert.

Eine zweite Keramik Ōhiras ist an der Rückseite des Hauses zu sehen, in einem kleinen Garten am Ende des Hauptflurs. Auf Kiesel gebettet steht sie hinter einer hohen Glasscheibe; den Hintergrund bildet eine dünne, unregelmäßig zerteilte Platte aus galvanisiertem Eisen. Die ikonenhafte Präsentation ist bewusst gewählt, da dieser enge, von oben durch Tageslicht erhellte Bereich ein *tokonoma* darstellt, eine Bildnische im Teeraum.

Glas und Wasser

Entwurf: Kengo Kuma

Bei seiner Fertigstellung im Jahr 1998 wurde dem spektakulären, von Kengo Kuma erbauten »Wasser/Glas-Haus« mit seiner fantasievollen, illusionistischen Behandlung von Transparenz und Reflektion großer Beifall zuteil. Mit seiner Auslotung der verborgenen Eigenschaften verschiedener Materialien in ganz unterschiedlichen Projekten hat sich Kuma in den letzten Jahren einen Namen geschaffen; auch Stone Plaza in der Präfektur Tochigi wurde von ihm entworfen (Seite 126–129). Diesen relativ großen Privatauftrag jedoch – eine dreigeschossige Villa in dem Seebad Atami – führte er vorwiegend in Glas und Stahl aus.

Kumas Ziel war es, Transparenz und Reflexion aus der Verbindung von Wasser und Glas entstehen zu lassen, wie sein Name für die Villa andeutet. Die Lage hoch auf einer der beiden Landspitzen, welche die Bucht dieses historischen Badeorts schützen, inspirierte das Thema. Der Panoramablick von 270° schweift weit über den Pazifik und so ließ Kuma einen großen Granitblock unter der obersten Etage auskragen und verwandelte ihn in einen Infinity Pool, dessen Wasser über die Kanten herabträufelt. Der Blick vom Hauptschlafraum, Wohnraum und dem dramatischen Speisezimmer – das letztere ganz in ein Glasoval gefasst und inselgleich in das Becken gesetzt – spiegelt sich in der glatten Wasserfläche, die mit dem Ozean eins zu werden scheint. Kuma sagt dazu: »Das Wasser hat keinerlei Begrenzung. Hier gibt es nur das Wasser selbst.« Ein geschlossener Gang führt diagonal hinaus ins Speisezimmer, eine Anspielung auf die Bühne des *Nō*-Theaters, die traditionell von einem vollkommen leeren Garten umgeben ist.

Im untersten Geschoss führt Kuma das Wechselspiel von Reflexion und Transparenz mit einem Gartenbereich fort, der sich von draußen bis in das Haus hineinzieht. Die gestalterischen Möglichkeiten waren allerdings dadurch begrenzt, dass sich vor dem Haus ein lediglich drei Meter breiter Landstreifen befindet und das Dach des darunter gelegenen Nachbarhauses

«

Das optische Glas, aus denen die Felsen bestehen, streut während ein oder zwei klarer Stunden am frühen Morgen das Licht wie ein Prisma und die Wand im Hintergrund leuchtet im Spiel der vom Wasser modulierten Lichtstrahlen auf.

««

Die Glassteine drängen sich in der äußeren Hälfte des flachen Beckens, direkt vor einem großen *tatami*-Raum. Dieser von Glaswänden umgebene Raum ist zusätzlich mit Schiebewänden ausgestattet, die auf den von Steinen dominierten Bereich hinausgehen. Indem er einige der Oberflächen in einem Zwischenschritt ätzte, gelang es dem Glaskünstler, die Wirkung der teils bearbeiteten, teils naturbelassenen Steine zu simulieren, die auf Isamu Noguchi zurückgehen, jenen Bildhauer, der den möglicherweise größten Einfluss auf die moderne Verwendung von Stein im japanischen Garten ausübte.

Auskragender schwarzer Granit schafft in der obersten Etage, zwei Stockwerke über dem Wasserbecken mit den Glassteinen, einen Infinity Pool, der ringsum überfließt und optisch mit dem Pazifik im Hintergrund verschmilzt.

einen vergleichbaren Blick ins Unendliche unmöglich machte. Als Sichtschutz pflanzte Kuma dicht und strauchig wachsende, immergrüne *Skimmia japonica*. Hauptinterieur auf dieser Ebene ist ein großer *tatami*-Raum für die Bewirtung von Gästen, dessen Glaswände durch Gleitelemente ergänzt werden. Der Garten zieht sich entlang einer Wand dieses Raums ins Haus.

Hier fühlte sich Kuma zu einem großflächigen Innenbecken inspiriert. Es ist über einen Kanal mit dem Außenbereich verbunden und darüber befindet sich ein drei Etagen hohes Atrium. Eine Etage über dem Bassin führt eine Brücke zum Hauseingang; sie läuft auf eine haushohe Wand aus strukturiertem Beton zu, an der in voller Höhe Wasser herabrinnt. Kuma hatte außerdem ein gläsernes Kunstwerk für das Wasserbecken im Sinn, welches das Konzept des Hauses weiterführen sollte, hatte jedoch zunächst keinerlei konkrete Vorstellung.

In der Galerie eines Ikebana-Vereins traf Kuma auf Tomohiro Kanō, einen Glaskünstler, dessen Werk dort vorgestellt wurde; dem Architekten war sofort klar, dass Kanō die Antwort auf seine Fragen hatte. Inzwischen war das »Wasser/Glas-Haus« fertiggestellt; als der Künstler den Ort besichtigte, erkannte er, dass die strenge Geometrie des Beckens und der Gänge unbedingt berücksichtigt werden mussten. »Es war eine Architektur sehr scharf geschnittener Geraden und eine ähnliche Behandlung des Glases träte dazu in Konkurrenz«, erklärt er. Außerdem lag ihm daran, die Linienführung des Beckens nicht zu überdecken – außer, wie er sagt, »mit Lichtreflexen und Schatten«. Die ganz klare und dennoch originelle Antwort lag in gläsernen Felsblöcken. Deren »natürliche« Linien würden mit den rechten Winkeln des Wasserbeckens genauso harmonisieren wie die natürlichen Felsformationen eines traditionellen Zen-Gartens mit der von Menschenhand geschaffenen Geometrie der ihn umschließenden Mauern.

Mit diesem Gedanken beschloss Kanō, wie ein Steinmetz das Glas zu bearbeiten. Bei einer Firma, die Objektivhersteller beliefert, bestellte er einen großen Quader optischen Glases, das sich durch einen hohen Brechungsindex auszeichnet. Die Maße des Quaders betrugen 3 mal 3 mal 1,5 Meter und hieraus arbeitete er mit Hammer und Meißel eine Gruppe von Glassteinen. Der Garten öffnet sich gen Osten, und sobald die Sonne über das Strauchwerk steigt und auf die »Steine« fällt, leuchten sie auf und streuen das Licht ringsum über das Becken. Die kleinste durch Wind oder Wasserfall verursachte Bewegung der Wasseroberfläche vervielfacht diesen Effekt und lässt harmonische Muster an den Wänden spielen. Die natürliche Light-Show wird noch weiter dadurch variiert, dass Kano manche Flächen der Felsen ätzte.

Eine zweite Gruppe von Glassteinen, am Ende des Kanals platziert, der die Verbindung zwischen dem unteren Becken und dem Außenbereich herstellt, mildert die Geradlinigkeit und dient dem Blick als Überleitung von Drinnen zu Draußen.

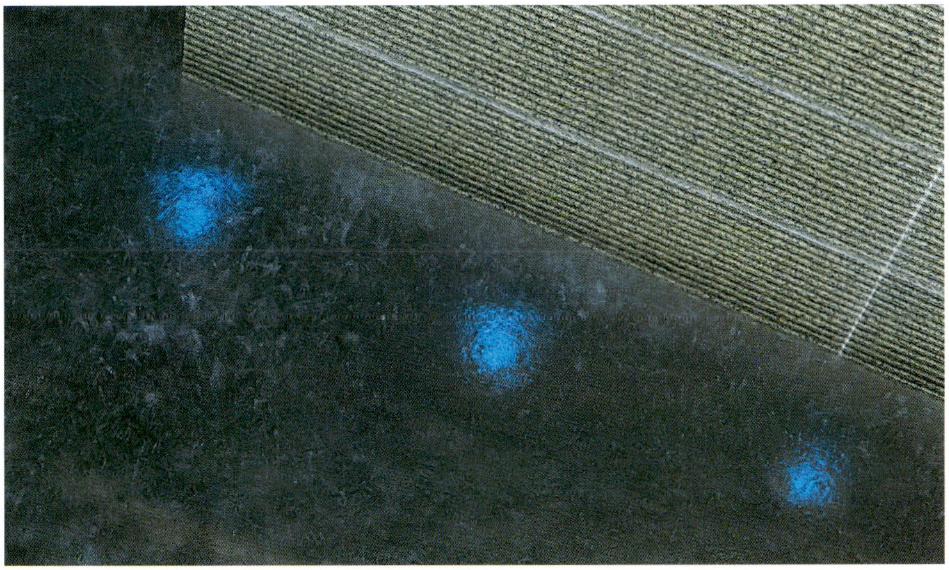

Blaue Unterwasserleuchten sind am Fuß der drei Stockwerke hoch aufragenden Mauer angebracht, die eine Seite des Atriums einnimmt. Die geriffelte Oberflächenstruktur der Betonmauer lässt das Wasser in einer bewegten, schimmernden Kaskade herabrinnen.

Die Wände des tatami-Raums bestehen aus Glas; zusätzliche Schiebeelemente geben den Blick auf einen beschaulichen Innenhof frei, den eine Ansammlung gläserner Felsen inmitten eines Wasserbeckens beherrscht. Die Wände des *tatami*-Raums bestehen aus Glas; zusätzliche Schiebeelemente geben den Blick auf einen beschaulichen Innenhof frei, den eine Ansammlung gläserner Felsen inmitten eines Wasserbeckens beherrscht.

Steinspiegelungen
Entwurf: Kengo Kuma

Für das von 1996 bis 2000 erbaute und mit dem International Stone Architecture Award 2001 ausgezeichnete Steinmuseum Stone Plaza in der Präfektur Tochigi nördlich von Tokio erteilte ein Unternehmen den Auftrag, das mit lokalem Ashino- und Shirakawa-Stein handelt, zwei Andesit-Arten, die bei der Eruption des nahegelegenen Mount Nasu entstanden. Als Architekt wurde Kengo Kuma verpflichtet, dessen Vorgaben zwei Hauptpunkte unterstrichen: neue Verwendungen für den Stein aufzuzeigen und ihn auf weiche, beschwingte Weise zu verwenden. Auf dem dafür gewählten, von der örtlichen Reis-Genossenschaft erworbenen Grundstück befanden sich aus Stein gebaute Speicher vom Anfang des zwanzigsten Jahrhunderts. In gewissem Sinne ist das ganze Grundstück das Museum.

Zu seiner Hauptaufgabe erklärte Kuma die Ergänzung der existierenden »harten« Natursteinarchitektur der alten Speicher durch »weiche« Mauern als Gegengewicht. Er erreichte dies zum einen durch eine Lamellenkonstruktion, für die der Stein in 40 Millimeter dünne Platten geschnitten und mit ebensolchen Abständen vermauert wurde, zum anderen durch eine von regelmäßigen Lücken durchsetzte Anordnung stärkerer Werksteine. Kuma bezeichnet den erzielten Effekt als »Vibration« und fügt hinzu: »Japanische Architektur wird häufig als leichte Architektur bezeichnet, doch das stimmt nicht. Japanische Architektur vibriert. Sie vibriert zwischen Wesenheit und Vorstellung.«

Der Gestaltung des Außenbereichs kam große Bedeutung zu. Kuma strebte eine Wirkung ähnlich jener der Shinto-Tempel beim Kaiserlichen Schrein in Ise an. Der die hölzernen Bauten umgebende Bezirk ist dort mit runden weißen Steinen bedeckt; diese sind nach seinen Worten »wunderbar leicht ... Mal wirken sie wie ein solides Steinfundament, dann wiederum scheinen sie wie Lichtpartikel zu treiben.« Ein traditioneller Garten wäre hier unangemessen, denn er würde die Aufmerksamkeit vom Stein ablenken. Gesucht wurde eine Oberflächengestaltung mit der Ise-»Vibration« und Kuma beschloss, den Garten aus der schlichtesten, reinsten aller Kombinationen zu schaffen, aus Natursteinwegen und Wasser. Wie eine Reihe der bereits vorgestellten Gärten illustriert, gehört Stein ebenso zum Vokabular japanischer Gartenkunst wie Pflanzen, und während ein pflanzenloser Garten in einem westlichen Kontext extrem erscheinen mag, ist er hier vollkommen rational. Kuma wollte dieses »Oszillieren zwischen Wesenheit und Vorstellung« mit dem hellen, texturierten Andesit zum Ausdruck bringen und ihn durch Wasser in seichten, geometrischen Becken ergänzen, die selbst wie glatte, reflektierende Steinplatten wirken. Durch einen Bodenbelag aus geschwärzten Andesit-Splittern und Unterwasser-Bodenstrahlern entlang der Kanten verlieh er den Wasserflächen eine optische Textur, welche an die Oberfläche des Steins erinnert.

In dieser modernen Version des »Wandelgartens«, einer der traditionellen, von China übernommenen Gartenformen, sind Gras, Bäume und Felsen durch geometrische Ebenen ersetzt. Er ist unmittelbar durch den berühmten Garten der Kaiserlichen Katsura-Villa in Kyoto aus dem siebzehnten Jahrhundert inspiriert, in welchem der Pfad für ständig neue Blickwinkel und ein rhythmisches Gefühl der Spannung sorgt.

Die seichten Wasserbecken zwischen den Wegen dienen als Ausstellungsflächen für Skulpturen in einer regelmäßig wechselnden Ausstellung. Diese Kreationen des Künstlers Mitsuo Kikuchi nutzen die Spiegelung, die ihre Unterseiten sichtbar macht.

Der Garten aus Stein und Wasser sollte den Besuchern gleichermaßen als Führer durch die Anlage dienen. Die Wege durchkreuzen die Wasserbecken in unterschiedlichen Winkeln; abgesehen von dem hintersten kann man nicht direkt auf den nächsten gelangen. Stattdessen bilden sie einen regelrechten Zickzackkurs, der durch Steinkorridore und über einen kleinen offenen Platz führt. Diese Anordnung ruft bewusst die hin und her schweifenden Pfade mancher Tempelgärten in Erinnerung, welche den Besucher zu bestimmten Punkten hinführen, von denen sich der Garten in unterschiedlichen Blickwinkeln zeigt – den *tachidomaru*, jenen Stellen, die zum »Zögern, Einhalten, Schauen« auffordern. Diese Technik gliedert nicht nur die Ausstellungen des Museums, sondern erweitert den Raum durch die Art und Weise, wie er erfahren wird. Von der davor liegenden Straße zeigt sich der Museumsbereich bewusst offen; ihn begrenzt lediglich eine niedrige Steinmauer. Wasser umgibt den offenen Platz wie ein Burggraben; darüber spannt sich ein Weg zu dem alten Speicher, der als Rezeption und Museumseingang dient. Von diesem Gebäude streckt sich ein Weg wie eine Mole hervor; er führt nirgendwo hin, sondern ist mit einfachen Sitzgelegenheiten und einem Sims zum Ausruhen ausgestattet. Ein zweiter Weg führt von einer Ecke diagonal über das Wasser zu einem Korridor zwischen gemauerten Wänden, der den Besucher zu einem neuen Blickwinkel und einem weiteren Weg geleitet, der zu dem offenen Platz hinüberführt. Ein dritter und vierter Weg setzen den Rundgang fort.

Das Hellgrau des Steins reflektiert die Farbe des wechselnden Lichts, eine Eigenschaft, die durch die noch stärker spiegelnden, noch glatteren Wasserflächen unterstrichen wird. Die Wege stehen nur um ein Weniges über der Wasseroberfläche, was dem Rundgang durch den Garten ein Gefühl der Leichtigkeit gibt. Nach einem Regenschauer spiegeln die Wege Himmel und Bauten fast so ungebrochen wie die Teiche, und das Wechselspiel der sich durchkreuzenden Linien – der Horizontalen der Mauern, der Vertikalen der Gebäudeecken und der Diagonalen der Wege – wird um so faszinierender und mehrdeutiger.

Von der Hauptstraße der kleinen Stadt Ashino, während der Edo-Zeit einst eine Hauptverkehrsader, sind der Wassergarten und die Gebäude ungehindert einzusehen; das Wasser jedoch ist eine wirksame Barriere. Neu angelegte Wege und Bauten aus lokal gewonnenem hellgrauem Andesit verbinden die hundertjährigen Speicher zur Rechten und im Hintergrund.

Der Garten gliedert sich in eine Anzahl von Hauptblickachsen, die sich plötzlich beim Umrunden einer Ecke offenbaren oder, wie hier, hinter einem Durchgang am Ende des abgeschlossenen Korridors, der ganz entlang der Südseite des Gartens verläuft.

Für die lange Wand an der Südseite des Gartens vermauerte Kuma den Stein auf eine neue, »beschwingte« Weise: Dünne Steinplatten sind in horizontalen Lagen mit Abständen in Plattenstärke verbaut. Bodenstrahler, die unter Wasser direkt entlang der Mauer montiert sind, unterstreichen die Linien des Designs.

Weg zur Schlichtheit

Entwurf: Yasujirō Aoki, Chitoshi Kihara und Masa Tada

Für diesen Stadtgarten in Osaka stand ein Grundstück zur Verfügung, das vom Eingang nicht allzu steil bis zu einer etwa zweieinhalb Meter höher gelegenen ebenen Fläche ansteigt. Am Fuße des Wegs ist der Garten dämmrig und grün, doch je höher man steigt, desto heller werden die Farben, bis der ganz oben gelegene Teeraum erreicht ist. Er blickt auf ein minimalistisches Kiesbeet mit einer einzigen Pflanze. Der Gartendesigner Yasujirō Aoki entwarf den Garten in einer Kooperation mit den Architekten Chitoshi Kihara und Masa Tada (Aokis Ehefrau); er richtete Weg und Bepflanzung auf eine Reihe von Blickachsen aus, die sich beim Auf- und beim Abstieg ergeben.

Wesentliches Hilfsmittel bei der Komposition charakteristischer Bilder war hier die Bepflanzung, doch bot der Bereich auch genügend Spielraum, so dass Aoki hier und da die Ausrichtung der Stufen leicht verändern und dadurch einen Wechsel der Blickrichtung bewirken konnte. (Er hätte die Stufen gern noch stärker gedreht, doch der Großvater des Hausbesitzers sollte mit seinem Rollstuhl darauf Platz finden, wenn er zu Besuch kommt.) Aoki achtete sehr darauf, dass diese Richtungsänderungen durch Gehölze in Schlüsselpositionen oder durch Pflanzgruppen markiert sind. An der ersten Stelle beispielsweise stehen sich ein Blumenhartriegel *(Cornus florida)* auf der einen Seite und ein Yakushima-Rhododendron *(R. yakushimanum)* auf der anderen gegenüber. Bei einer scharfen Wendung weiter oben gruppierte Aoki vor der Steinmauer drei japanische Felsenbirnen, *zaifuriboku (Amelanchier asiatica)*, eine Kletterpflanze *(tsurumono)* und Sträucher. Ganz oben dient eine Hybride von *Magnolia kobus* als Hauptblickfang; dieser Baum mit Namen ›Wada's Memory‹ trägt eine Überfülle weißer Blüten.

Aokis Art und Weise der Variation der Ansicht basiert auf den Prinzipien des Ikebana, der japanischen Kunst des Blumensteckens. Wenngleich mehrere Lehren des Ikebana mit jeweils eigenem Stil existieren, gibt es ein allen gemeinsames Grundkonzept. Es leitet sich von den Drei Welten des Buddhismus her und beinhaltet das dreiteilige Arrangement der Komponenten und die dreidimensionale Variation dieses Arrangements bei der Betrachtung aus unterschiedlichen Blickwinkeln. Ein typisches dreiteiliges Ikebana-Arrangement besteht aus

Eine Iris ist als einzige Pflanze auf der oberen Gartenebene in einen alten steinernen Pferdetrog gepflanzt, der selbst als Kreis im Kreis steht. Diese völlige Reduktion, die einzige Andeutung von Grün zwischen den Grautönen des Kiesteiches, steht in auffälligem Kontrast zu den Pflanzen, die den Hang darunter füllen. Die Gleittüren zur Linken führen zum Teeraum.

Hier kommen die Gestaltungsprinzipien des Ikebana um einen rotlaubigen chinesischen Strauch, Riemenblume *(Loropetalum chinense* f. *rubrum)*, zur Anwendung; es entsteht ein dreiteiliges Arrangement, das hügelauf betrachtet einen anderen Anblick bietet als hügelab.

Das Motiv der Mondsichel um den Pflanztrog in dem Kiesteich entstand ganz einfach, indem die losen Kiesel beiseite geschoben wurden, so dass der Betonboden des Teiches sichtbar ist. Im Frühjahr ragen Kirschblüten über die Wasserfläche.

einem hohen, vertikalen Element, einem niedrigeren, abwärts gerichteten Element und einem diagonalen Element in der Mitte. Aokis Gartenversion dieses Prinzips wird in drei Gruppen rechts des Wegs deutlich, in deren Zentrum jeweils eine Hainbuche steht. Diese wurde aufgrund ihrer unauffälligen Blüte gewählt; sie stellt das vertikale Element dar, um deren Fuß sich Steine und niedrige Stauden zusammenfinden; als diagonales, mittleres Element fungieren Blütensträucher.

In japanischen Häusern wird ein Blumenarrangement meist vor einen Hintergrund platziert, wodurch die Richtungen, aus denen es betrachtet werden kann, auf einen Winkel von weniger als 180° beschränkt sind. Und dennoch ist die Dreidimensionalität in dieser Tradition von Bedeutung. In diesem Garten gilt die gleiche Einschränkung, wobei die Mauer den Hintergrund bildet. Jeweils drei verschiedene blühende Sträucher sind um die Hainbuchen gesetzt, so dass sich ein wechselndes Bild ergibt, je nachdem, ob man hinauf- oder herabsteigt.

Die Gestaltung der ebenen Fläche im oberen Gartenstück fällt vergleichsweise karg aus. Dieser Bereich ist als Bild der Kontemplation für den angrenzenden Teeraum angelegt. *Shōji*-Schiebetüren entlang einer Wand des Raums öffnen sich zu einem Ausblick von ungewohnter Breite. Normalerweise dient eine *kakejiku*-Bildrolle als visueller Mittelpunkt des Teeraums, meist eine Landschaft, die im *tokonoma*, der Nische, aufgehängt ist. Diese Bildrolle wird mit dem Beginn der neuen Jahreszeit gewechselt. Kihara sagt dazu: »Früher war das Schmücken des *tokonoma* ein wichtiges und freudiges Ereignis in der Familie; vier Mal im Jahr beschwörte ein anderes Bild die neue Jahreszeit herauf.« Eine gute Bildrolle ist jedoch sehr teuer; darüber hinaus lässt das Stadtleben heutzutage kaum noch Zeit für diese formale Begrüßung der Jahreszeit und so überließ der Architekt als Zugeständnis an die Veränderungen diese Funktion dem Blick nach draußen. Der Anblick hinter der offenen Schiebetür tritt an die Stelle der Bildrolle; von einem gelegentlichen Besuch durch Aoki abgesehen, kann dieser sich größtenteils selbst überlassen bleiben.

In diesem engen Bereich war kein Raum für die Komponenten, die man normalerweise mit den japanischen Jahreszeiten assoziiert, wie Kirsche und Ahorn. Davon unbeeindruckt ging Aoki seine Aufgabe in zweierlei Weise an, prosaisch und symbolisch. Auf der prosaischen Seite steht im Mittelpunkt der Aufmerksamkeit ein Pflanzcontainer, der einem alten steinernen Pferdetrog vom Bauernhof nachempfunden ist und mit einer zur Jahreszeit passenden Pflanze besetzt werden kann. So pflanzte Aoki beispielsweise im Frühjahr 2001 eine Iris, im Sommer davor einen Papyrus.

Auf der symbolischen Ebene ermöglichte Aoki es dem Eigentümer, nach Belieben dem Garten ein, wie er es nennt, »ganz neues Gesicht« zu geben. Bis auf einen sichelförmigen Bereich um die Pflanzschale bedeckte er die gesamte rechteckige Grundfläche mit Kieseln; die Schale setzte er auf einen flachen Hügel, wodurch der isolierten Pflanze bei der Betrachtung vom Teeraum aus größeres Gewicht verliehen wird. Das Design erinnert an die kiesbedeckten Tempelbezirke des Kaiserlichen Shinto-Schreins in Ise. Durch die Installation von Wasserzu- und -abfluss gab Aoki dem Besitzer die Möglichkeit auf Wunsch einen Teich entstehen zu lassen, indem er die Kiesel überflutet. Diese Steine spielen eine doppelte Rolle im Gesamtbild, wobei es darauf ankam eine Sorte zu wählen, die den gewünschten Effekt hervorruft. Aoki entschied sich für die als *nachiguro* bezeichneten Kiesel aus der Präfektur Wakayama, südlich von Osaka, die bei Trockenheit eine hellgraue Farbe haben, nass jedoch tiefschwarz glänzen. Das Erscheinungsbild des Teichs ist sanfter als das des trockenen Kiesbeets; der kleine Hügel verwandelt sich in eine winzige Insel im Wasser.

Gleich hinter der Pforte des Straßeneingangs wird der Blick auf einen Stufenweg frei, der sich sanft an Hainbuchen, Felsenbirne, Blumenhartriegel, Rhododendron und anderen Pflanzen vorbei nach oben windet.

Die zwei Gesichter des Kiesteiches – überflutet und trocken –, die jedes für sich eine eigene Tradition im japanischen Garten haben. Charakteristisch für die Arbeit dieses Designers ist die äußerst präzise Anordnung der Komponenten.

☽

Die weiße Mauer dient nicht nur als Blickfang der Straßenansicht, sondern trennt auch die gepflasterte Auffahrt, die zum oberen Grundstücksbereich führt, von dem grasbewachsenen Weg in den Garten. Ein Tor gibt es nicht, und der Garten wirkt so einladend, dass sich gelegentlich Passanten hereingezogen fühlen und auf der nahe der Straße aufgestellten Bank Platz nehmen – die Hausbesitzer, denen ein beliebtes Restaurant am Ort gehört, stört dies angeblich nicht.

☾

Die Mauer trennt zwar den oberen vom unteren Teil des Grundstücks, doch gar so simpel ist die Topographie der Anlage nicht. Ein tiefer Einschnitt wurde entlang der Mauerlinie vorgenommen, so dass die Zufahrt zum Hauseingang ansteigt, während der Garten zum Haus hin abfällt. Zweck dieser Vertiefung ist die Maximierung des weißen Hintergrundes, vor dem die Bäume in Szene gesetzt sind.

Trennwand

Entwurf: Gyokō Osumi und Akira Sakamoto

Diesem Garten in Tondabayashi, einem Wohngebiet außerhalb von Osaka, wurde 1996 der Midori no Keikan sho, der »Grüner Blick«-Preis der Stadt, verliehen; er ist das Resultat einer Zusammenarbeit zwischen der Gartendesignerin Gyokō Osumi und dem Architekten Akira Sakamoto. Das Anwesen liegt auf zwei ehemals unbebauten Grundstücken an einem seitwärts abfallenden Hang, wodurch sich dem Architekten eine Anzahl von Schrägen zur Gestaltung bot.

Ein wichtiger Punkt auf der Wunschliste des Auftraggebers war eine separate Wohnung für seine Mutter, die jedoch in die Gesamtanlage integriert sein sollte. Sakamotos Lösung bestand darin, das Haupthaus mit dem dazugehörigen Garten am unteren Hang anzuordnen – wenn man das Grundstück betritt, rechts – und das kleinere Haus für die Mutter auf der links oberhalb davon gelegenen ebenen Fläche. Der untere Garten steht im Mittelpunkt der Aufmerksamkeit; er ist vor allem auf den Blick vom darüber gelegenen Wohnzimmerbalkon ausgerichtet. Gleichzeitig planten Osumi und Sakamoto noch weitere Blickachsen ein, darunter den Blick aus einem geschützten tiefer gelegenen Winkel am Haus und von einem geschwungenen Pflasterweg, der diesen mit dem höher gelegenen Garten verbindet.

Nun beschloss Sakamoto in typisch japanischer Manier, ein gewisses Maß an Kontrolle über den Zugang zum Garten auszuüben. Der Garten fällt von der Straße her nach rechts ab und der Architekt wollte ihn zum Teil abschirmen, um die Neugierde des Besuchers zu wecken – dasselbe Prinzip, das auch Yoshiji Takehara bei seinem Trockenlandschaftsgarten für das Haus an den Hängen von Hieizan anwendete (Seite 18–21). Er errichtete eine freistehende Mauer, 2,50 Meter hoch an ihrem höchsten Punkt und 25 Meter lang, die einen Teil der Zufahrt vom Garten abgrenzt, und strich diese weiß an.

Die Mauer kontrolliert den Blick auf zweierlei Weise, wobei zwei Techniken des *shakkei* zum Einsatz kommen (vgl. Seite 34–39). Sie dient als Isolierung dieses Bereichs von der Außenwelt; von der Gartenseite aus fungiert sie als illusionistischer Hintergrund. Von dem geschwungenen Pflasterweg blickt man nach oben zur Mauer hin, deren helle Farbe mit dem Himmel verschmilzt. Vor die Mauer pflanzte Osumi Magnolien *(Magnolia kobus)*, die mit ihren

Der Garten macht nicht nur beim Begehen Freude, sondern bietet auch vom Balkon des Speisezimmers einen schönen Anblick; hier steht die weit geschwungene Kurve des Pfades, die durch abgestufte Bäume unterstrichen wird, im Mittelpunkt.

höchsten Ästen die obere Kante verdecken. Die optische Wirkung der Baumsilhouetten vor der weißen Fläche ist enorm; auf den ersten Blick erscheint der Hintergrund wie Himmel, wodurch der Garten größer wirkt. »Ich wollte eine Illusion schaffen«, so sagt sie, »die Illusion einer Kindheitserinnerung an Gärten, die immer die Wirklichkeit übertreffen«. Ihre Bepflanzung mit Kamelien, Azaleen und Kirschen ist natürlich gehalten und erfordert weit weniger Aufwand als ein traditioneller japanischer Garten. Die Hausbesitzer beschäftigen sich selbst gern im Garten und haben weitere Pflanzen hinzugefügt, darunter Farne wie den dickwurzeligen *Dryopteris crassirhizoma*, Rotschleierfarn *(Dryopteris erythrosora)* und *kurasotetsu*, Straußenfarn *(Matteuccia struthiopteris)*.

Für das Haus der Mutter, einen eingeschossigen Bau im oberen Grundstücksbereich, entwarfen Sakamoto und Osumi einen Peripherie-Garten, der dem Verlauf der Hausinnenwände folgt und den Blick aus jedem Fenster füllt. Vom *tatami*-Raum geht der Blick sogar in zwei Richtungen: Zusätzlich zu der niedrigen Gartenansicht, die sich auf traditionelle Weise dem sitzenden Gast zeigt, präsentiert sich beim Betreten des Raums ein Blick in ganzer Höhe. Für diese zweite Ansicht versah Sakamoto den Raum zusätzlich zu der kleineren Öffnung in der rechten Wand mit einer unüblich großen Wandöffnung, welche direkt auf den schmalen Seitengarten hinausgeht. Die im Peripherie-Garten verwendeten Pflanzen sind traditioneller als die des Hauptgartens; darunter sind verschiedene Ahornarten, deren Laub für jahreszeitlich wechselnde Farbkombinationen sorgt, und Azaleen.

Zwischen den beiden Häusern und ihren Gärten verläuft trennend die Auffahrt, die von der Straße zu einem Stellbereich neben dem Haupthaus ansteigt. Beton als Bodenbelag für die Zufahrt verwarf Sakamoto als zu wüst und leer. Ihm schwebte eine Oberfläche vor, die fast natürlich scheinen und beim Blick von der Straße als weicher Ausgleich zu der »Schärfe« der Trennwand wirken sollte. Außerdem wollte er eine texturierte Verbindung nicht nur zwischen den zwei Gärten, sondern ebenso zwischen dem Innen- und Außenbereich des Haupthauses herstellen. »Wir haben hier genau genommen eine moderne Version des alten *doma*, des Lehmbodens, der in alten Häusern die Verbindung zwischen den verschiedenen Hausbereichen herstellte. Ich wollte eine Verknüpfung von Drinnen und Draußen.« Er entschied sich für eine Befestigung mit dicht verlegten kleinformatigen, rundlichen Granitsteinen, ähnlich wie die Pflasterflächen des Hama Rikyu, des Kaiserlichen Gartens an der Tokioter Bucht. Der Eigentümer des Hauses war als Direktor einer Baufirma in der Lage, diese besonderen *gorota-ishi* aus Ise zu beziehen. Sakamoto ließ sie in Beton setzen und führte sie bis in den Eingangsflur des Hauses hinein, bis genau vor den erhöhten Hausboden.

Der Zugang von der Straße ist links im Plan, der exakt nach Vorlage umgesetzt wurde; die waagerecht eingezeichnete weiße Mauer teilt das Anwesen deutlich in zwei Hälften.

Blick vom *tatami*-Raum in den schmalen Peripherie-Garten. Der *tatami*-Raum entspricht im Großen und Ganzen der Tradition, doch die große Öffnung zur Linken ist eine Neuerung. Während üblicherweise nur eine niedrige Fensteröffnung wie die zur Rechten dem sitzenden Gast als Ausblick dient, gibt hier die große Wandöffnung beim Betreten des Raums den Blick auf den Garten frei.

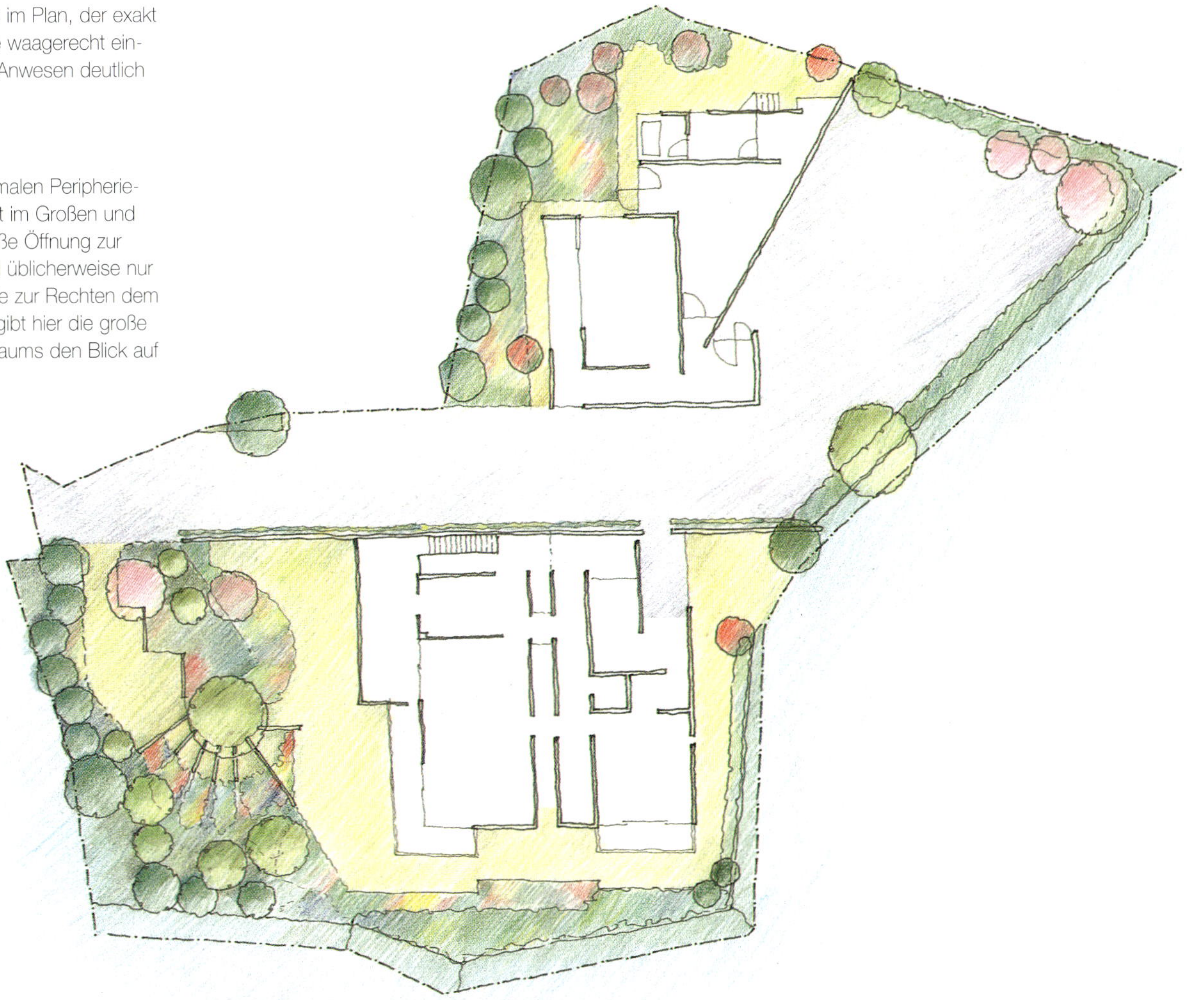

Stufengarten im Souterrain

Entwurf: Masayuki Yoshida

Beim Betreten des Salons fällt der Blick direkt auf den Souterrain-Garten. Glastüren bilden seinen Rahmen; der oberste Bereich bleibt dabei verborgen. Die Leuchte aus Japanpapier zur Linken entwarf der japanisch-amerikanische Künstler Isamu Noguchi.

Teil der Frühjahrspflanzung auf dem obersten Rang des Stufengartens ist die frühblühende Astilbe ›Venus‹. Yoshida wählte sie um ihrer zarten Blütenfedern willen. Das leuchtende Rosa der Staudenblüten nimmt die Farbe der Kirschblüten wieder auf, die diese Komposition krönen.

Tritt man bis an das Fenster heran, so wird die oberste Etage des Gartens sichtbar und mit ihr eine Überraschung – ein Kirschbaum *Prunus* 'Shōgetsu' (Satō-Zakura-Gruppe), dessen schwere Last rosaweißer Blüten sich im Frühjahr zum Fenster herabneigt.

Im Jahr 1999 beschlossen Takashi Mikuriya, Professor für Politologie, und seine Frau, ihren Keller zu einem Salon mit kleiner Galerie umzubauen; hier wollten sie Freunde empfangen, die ihre Interessen Literatur und Kunst teilen. Seit der Fertigstellung des Hauses im Jahr 1994 hatte dieser Bereich hinter der Parkbucht als schwach beleuchteter Lagerraum geschmachtet. Es war an der Zeit, ihn in einen nützlichen, attraktiven Raum zu verwandeln, und die Schlüsselrolle kam dabei dem steilen Erdhang zu, der vom Garten zu den gläsernen Schiebetüren abfällt. Der Platz, auf dem ein Souterrain-Garten entstehen sollte, war eng begrenzt – ein versenkter Würfel von 2,40 Meter Kantenlänge.

Das Ehepaar rief den talentierten Gartendesigner Masayuki Yoshida zu Hilfe, der normalerweise grandiosere Projekte wie Hotel- und Golfclubanlagen betreut. »Da dieser Garten praktisch unterirdisch liegt, war ein *hikari-niwa* (Lichtgarten) nötig, der Licht und Pflanzen vom oberen Garten bis hier hinunterführt«, sagt Yoshida. Er ersann einen Stufengarten aus kleinen Terrassen, die eine Anzahl verschiedener Pflanzengruppierungen ermöglichen. Alte hölzerne Bahnschwellen schaffen eine Terrassierung mit starker, skulpturaler Präsenz zwischen den beidseitigen Betonstützmauern. Manche wurden horizontal verlegt, um die Stufen zu bilden, andere wurden senkrecht in den Boden getrieben, wodurch neun separate kleine Bereiche auf sieben Ebenen entstanden. »Obgleich sie auch aus Holz bestehen, ist die Wirkung dieser Schwellen weitaus stärker als die gewöhnlicher Baumstämme, und ich verwendete sie ähnlich wie beim *ishigumi*, der Steinkomposition. Sie mussten so eindrucksvoll sein, dass sie ein Gegengewicht zu den Betonmauern bilden, und ich wollte mit den Gegensätzen dreier Materialien spielen. Kühler, anorganischer weißer Beton steht mächtigem rustikalem Holz voller Gebrauchsspuren gegenüber und beide kontrastieren mit der Anmut und Zartheit der verschiedenen Pflanzen.«

Als Regenwasserabfluss dient eine mit einem Edelstahlrost ausgestattete Rinne am Fuß des Gartens; um diese optisch abzusetzen und eine mit den Bahnschwellen kontrastierende Textur einzubringen, füllte Yoshida sie mit weißen Quarzitkieseln. Ein Sichtschutz aus Riedmatten grenzt das obere Ende des Stufengartens ab und so ist die dunkle Mitte ringsum hell und klar abgesetzt: heller Beton rechts und links, weiße Kiesel unten, Schilfmatten oben. Die Pflanzen auf der obersten Stufe werden gestutzt, um den Kirschbaum darüber besonders gut zur Geltung zu bringen. Dies ist vor allem beim *hanami*, der Kirschblütenbetrachtung im April, von Bedeutung, denn dann beherrschen die dicht gedrängten Blüten den Blick durch die Glastüren des Salons. Die Kirschsorte wurde mit Bedacht gewählt: ›Shogetsu‹ ist eine Spielart des *yaezakura*, des »Kirschbaums mit achtfachem Blütenblatt«. Sie wurde gewählt, weil ihre Blüten schwer herabhängen und sich so diesem tief gelegenen Ort von ihrer schönsten Seite zeigen. Der Baum blüht in der zweiten Aprilhälfte, etwas später als die meisten Kirschen.

In Japan verläuft der Übergang von einer Jahreszeit zur nächsten recht plötzlich und lässt sich bis auf wenige Tage vorhersagen. Diese Differenzierung hat die Art und Weise, in der Japaner der Natur, den Künsten und der Gartengestaltung begegnen, deutlich beeinflusst. Die Kirschblütenbetrachtung ist das eine herausragende Beispiel hierfür, ein Anlass für Freunde zusammenzukommen und ein Picknick zu veranstalten. Kimonos sind passend zur Jahreszeit gemustert, und das Essensangebot in Kaufhäusern und in Restaurants, die anspruchsvolle Gerichte, sog. *kaiseki*, servieren, wechselt mit der Jahreszeit, ebenso wie die Blumengestecke im *tokonoma*, der Nische im Teeraum.

Dieser Stufengarten gibt Yoshida Gelegenheit, viermal im Jahr die Bepflanzung vollständig zu erneuern. Im Frühjahr bilden die rosa Kirschblüten den Hauptakzent; unter anderem kombiniert er dazu Hortensien, Farne, Orchideen, Lavendel und Rosmarin. Im Sommer ersetzt Yoshida diese dann mit kräftigeren Farben bis hin zu Rot, darunter Glockenblumen, Hibiskus, *Ixora* und *Caladium*, die alle aus Okinawa und von Japans Südinseln stammen. Der Herbst bringt einen Wechsel zu Farben, die laut Yoshida zu »Ruhe und innerer Sammlung« anregen; die Bepflanzung im Oktober 2000 hatte daher Violett zum Thema. Den Winter belebte seine Pflanzenwahl mit einem Wechselspiel von Rottönen wie dem der Wolfsmilch und üppigem grünem Laub. Auf derart engem Raum das Beste aus den wechselnden Jahreszeiten zu machen ist nicht ohne Blüten möglich; dies ist im japanischen Garten nicht üblich, doch Yoshida gesteht, von Englischen Gärten fasziniert zu sein. Darüber hinaus bleibt der Garten durch die jahreszeitlichen Veränderungen weiter in seiner Verantwortung. »Ich arbeite gern an großen Projekten, doch sobald unsere Arbeit getan ist, sind sie ganz aus unserer Hand. Hier habe ich die Gelegenheit, zurückzukehren und den Garten zu pflegen.«

Der Sommer bringt den Wechsel von zarten Frühlingsfarben zu Rot mit *Ixora coccinea*, Begonien und Buntblatt *(Caladium)*, und zum tiefen Grün von Nestfarn *(Asplenium nidus)*, Blauer Passionsblume *(Passiflora caerulea)*, Immergrün *(Vinca)* und Efeu.

Zu Yoshidas präziser Planung gehören detaillierte Zeichnungen, die den Garten zu jeder Jahreszeit zeigen. Der Garten wurde Mitte 2000 fertiggestellt, und hier, von links nach rechts, sind die vier Bepflanzungspläne für Sommer, Herbst und Winter 2000 sowie Frühjahr 2001 zu sehen.

Vom Fuß des Abhangs unterhalb des Hauses blickt man auf einen sanft geschwungenen Pfad aus Granitblöcken, der durch eine mit unterschiedlichsten Bambusarten besetzte Landschaft führt.

Ein Dickicht aus hohem, buschigem *daimyōdake*-Säulenbambus *(Semiarundinaria fastuosa)* säumt das Wiesengras neben dem Pfad zum Haus; gleichzeitig schützt es die Eingangstür vor Blicken.

Der untere Garten liegt im Plan links; ein schmaler Pfad neben dem Haus (in der Zeichnung orange) verbindet ihn mit dem oberen Garten rechts im Plan. Die halbrunde Lehmmauer zieht sich durch das Haus und den Garten.

Zurück zur Natur

Entwurf: Masaki Tokui

Im Jahre 1999 beschloss der Architekt Masaki Tokui, seinen Wohnsitz in seine Heimatpräfektur Gunma zurückzuverlegen; er wollte lieber mit dem Hochgeschwindigkeitszug vom Land zu seinem Büro in Tokio pendeln als in der Stadt leben. Tokui steht in engem Bezug zu zwei weiteren in diesem Band vorgestellten Architekten, Kosuke Izumi und Michimasa Kawaguchi. Alle drei bringen naturbezogenen Traditionen eine ähnliche Einstellung entgegen, die Izumi beispielsweise in seinem *Doro-ōtsu*-Haus (Seite 68–71) mit den gedämpften Tönen und ungekünstelten Texturen von Lehm zum Ausdruck bringt und Kawaguchi in dem Binnengarten mit *sumi*-Tusche (Seite 26–29).

Das Landstück, das Tokui erstand, steigt von der Straße neun Meter hoch an; er platzierte das Haus so auf der Anhöhe, dass reichlich Raum für zwei Gärten blieb. Der eine Garten nimmt den Hang ein, der zum Haus hinaufführt; auf einen kleineren, abgeschlossenen Gartenbereich blicken die Wohnräume. Im Mittelpunkt der Gartengestaltung, die von einer gewollten Undiszipliniertheit ist, stand der Wunsch, einen Eindruck von Natürlichkeit zu vermitteln, ohne die Gärten verwildern zu lassen. Vor Beginn der Bauarbeiten war das Grundstück vorwiegend von Bambus und Bambusgras überzogen, und Tokui beschloss, diese in die Bepflanzung mit einzubeziehen.

Als Inspiration für sein Haus diente nach den Worten des Architekten das Nest, das in der Natur meist aus vorgefundenem Material gebaut wird. Tokui fand die Vorstellung verlockend, Haus und Garten fest in ihrer Umgebung zu verankern, so dass sie nicht wie so viele Bauwerke dem Land aufgesetzt erscheinen, sondern vielmehr eine Synthese mit ihm eingehen. Zwar brachte er fünfzehn Pflanzenarten ein, darunter *yamabōchi*-Blumenhartriegel *(Cornus kousa)*, doch diese sind nur einige von über fünfzig Sorten, die hier gedeihen und von denen manche als Unkraut betrachtet werden könnten. Als natürliches Komplement zum Garten fungieren die lokal handgefertigten *kawara*-Dachziegel und der direkt auf dem Grundstück vorgefundene Lehm, mit dem eine der wichtigsten Mauern von Haus und Garten verputzt ist (Foto Seite 147).

Der große Garten, durch den sich der Besucher dem Haus nähert, wird von fünf Bambusarten dominiert, die in der Höhe von dem aufragenden *mosodake (Phyllostachys pubescens)* am Fuße der Stufen über den eleganten Säulenbambus *daimyōdake (Semiarundinaria fastuosa)* nahe der Tür bis hin zu niedrigem, bodendeckendem Zwerg-Bambusgras *kogumazasa (Sasa veitchii)* rangieren. Die scheinbar beliebige Pflanzenverteilung, die jedoch tatsäch-

lich sorgfältig überlegt ist, dient als Rahmengebung für den Blick vom Fuß des Hanges und lenkt das Auge den Hügel hinauf. Der unregelmäßige Schnitt vor allem des *okamezasa*-Bambusgrases *(Shibataea kumasasa* Nakai) und die Windungen des Wegs aus rauen Granitblöcken lassen das Gelände weniger steil erscheinen.

Ein weiteres Mal kommt diese »Lokalisierung«, die bewusste Schaffung eines Bezugs zwischen Haus und Umgebung, in der Integration des Bauwerks in den oberen Garten mit seinem Blumenhartriegel und den rustikalen Bänken zum Ausdruck. Der weite Blick in den Garten, den das in Holz ausgeführte Wohnzimmer bereithält, gab die Inspiration für die Integration mit Hilfe der Bepflanzung, die bis ans Fenster herangeführt ist; dessen tiefgezogene Oberkante verdeckt den Himmel, wodurch eine intimere Verbindung zwischen Innenraum und Garten entsteht.

Ein zweiter Trick, mit dem Tokui den Eindruck entstehen lässt, als setze das Haus sich in den Garten fort und umgekehrt, ist die geschwungene Lehmmauer. Diese verläuft durch das Haus und auf beiden Seiten wieder heraus; auf der rechten Seite folgt das Auge ihrer abfallenden Oberkante durch die Fenster hinaus in den Garten. Die Mauer ist von einfacher Beschaffenheit – ein mit Bambusflechtwerk geschlossener, mit Lehm verputzter Holzrahmen. Tokuis Entschluss, zum Verputzen den hellen Lehmboden des Grundstücks zu verwenden, gründet sich in seiner Interpretation des Hauses als »Nest«, in welcher der Materialwahl eine entscheidende Bedeutung zukommt. Nachdem er mit einem ortsansässigen Verputzer die Einzelheiten des Prozesses besprochen hatte, befolgte er dessen Ratschlag und mischte dem Lehm gemahlene Austernschalen zu, die den Berapp festigen.

Es gab jedoch noch einen weiteren Grund eine Mauer zu errichten, die Haus und Garten miteinander verbindet. »Ich dachte an den Bezug zwischen den alten japanischen Traditionen und der Gegenwart«, erklärt Tokui. »Ich respektiere die alte Architektur, doch in vielerlei Hinsicht ist sie einfach zu unpraktisch für die moderne Lebensweise.« Um dennoch zum Ausdruck zu bringen, welchen Wert er den Bautechniken der Vergangenheit beimisst, integrierte er in sein Haus ein *doma*, einen Lehmfußboden, wie er aus dem traditionellen japanischen Wohnhaus nicht fortzudenken wäre. Er entschied jedoch, ihn ganz modern als vertikales Element zu interpretieren. Gleichwie Yoshiji Takehara das *doma* in Form von verbindenden Außenräumen wieder aufleben lässt (Seite 56–59), so verwandelt Tokui es hier in eine Lehmmauer, die sich vom Garten bis ins Haus hineinzieht: »Sie steht symbolisch für die Evolution des Hauses.«

Der obere Garten macht einen beabsichtigt wilden, zerzausten Eindruck, der durch die Bänke aus ungehobelten Planken im Schatten des Blumenhartriegels noch hervorgehoben wird. Sie werden immer dann benutzt, wenn Tokui seinen Studenten im Freien einen Vortrag über Architektur hält.

Die beinahe raumhohen Fenster des Wohnzimmers blicken auf den Garten; dieser Raum liegt innerhalb des von der Lehmwand umschlossenen Kreises. Lediglich eine Glasscheibe stößt an die ohne Unterbrechung durchgezogene Mauer – ein Symbol der Verbundenheit von Garten und Innenraum.

Direkt vor dem Haus breitet sich eine dichte Bodendecke aus Zwerg-Bambusgras *(Sasa veitchii)* aus, das mit Bedacht so getrimmt ist, dass der ungezähmte Eindruck erhalten bleibt. Diesen Effekt unterstreichen halb versteckte rustikale Dekorationen wie diese alte Wasserschale.

Im Schatten des Waldes

Entwurf: Koichi Nakatani

In den bewaldeten Hügeln von Hakone, nicht weit von einem Nationalpark mit phantastischem Blick auf den Fujiyama, liegt ein Wochenendhäuschen auf einem Waldgrundstück. Koichi Nakatani bemühte sich die Impression einer Waldlichtung einzufangen, wobei er den Eindruck natürlichen Wildwuchses bei gleichzeitiger Kontrolle anstrebte. Und da das Haus nicht ständig bewohnt ist, musste der Garten mit minimalem Pflegeaufwand auskommen.

Die hügelige Landschaft war nach dem Zweiten Weltkrieg geschlossen mit Hinoki-Scheinzypressen *(Chamaecyparis obtusa)* wiederaufgeforstet worden. Dies ist ein reizvoller Baum, doch wie bei anderen monotonen Koniferenpflanzungen lässt der Mangel an Abwechslung auch diese Wälder recht düster wirken. Nakatani beschloss, eine kleine Sitzfläche zu roden, zu pflastern und mit sommergrünen Gehölzen zu umgeben, die für das ungeschulte Auge mit dem Wald dahinter verschmelzen. Auf den meisten Nachbargrundstücken waren die dunklen Scheinzypressen abgeholzt worden, doch er fand, die Kombination von Laubabwerfend und Immergrün ergebe eine ausgewogene, natürliche Umgebung. Es sollte der Eindruck einer »Waldkate« entstehen.

Für das kleine Haus und die Terrasse musste ein gewisser Bereich eingeebnet werden, doch größere Erdarbeiten waren nicht notwendig. Aus Gründen der Pflegeleichtigkeit entschied Nakatani sich für die Verwendung von Naturstein; er legte damit eine kreisförmige Terrasse an und benutzte ihn auch für die niedrige Stützmauer vor dem Hang. Dieser Stein ist ein besonders harter brauner Granit aus der Präfektur Fukushima, den Nakatani so klein zuschneiden ließ, dass man die Steine zu Fuß den Waldweg von der Straße hoch tragen konnte. Für größere Blöcke wäre ein Kran nötig gewesen, für den zu viele Bäume hätten weichen müssen. Das Brunnenelement ist von schlichter Eleganz: ein kreisrunder Teich, leicht unter Pflasterniveau, den derselbe Stein zur Hälfte füllt. Als Wasserzufuhr dient eine Zuleitung vom Haus.

Auf mehreren Metern um die Terrasse herum lichtete Nakatani den Baumbestand um etwa dreißig Prozent aus. Hellgrüne Pflanzen wie der Straußenfarn *kurasotetsu (Matteuccia struthiopteris)* mit seinen meterhohen Wedeln, die den immer noch beträchtlichen Schatten durchsetzen, hellen den Garten weiter auf.

Halb Teich, halb Brunnen, auf jeden Fall jedoch sehr zurückhaltend, vermittelt die Wasserstelle fast den Eindruck einer natürlichen Senke. Der Wasserspiegel ist bewusst so niedrig gehalten, dass die Steine daraus hervorschauen. Dieselbe Gesteinsart wurde für die Terrassenpflasterung verwendet; hier jedoch liegt sie lose aufgetürmt.

Auf dem Plan wird der dreieckige Zuschnitt des an einem steilen Hang gelegenen Grundstücks deutlich, das aufgrund seiner Schräglage weniger teuer war. Zwar verläuft die Grundstücksgrenze nah an der kreisförmigen Terrasse, doch dahinter liegt öffentliches Land, dessen Scheinzypressen für die Gartenplanung »geborgt« wurden.

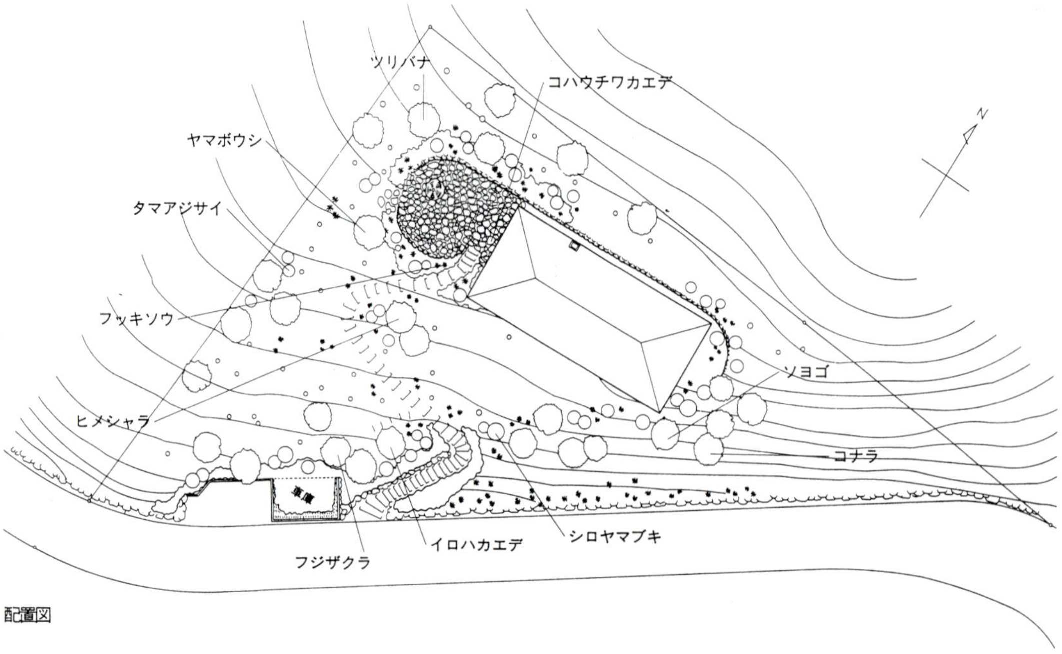

配置図

Der Randbereich des dunklen, bedrückenden Koniferenwaldes wurde mit helleren, sommergrünen Spezies unterpflanzt, darunter Straußenfarn *(Matteuccia struthiopteris)*, Ahorn, Hartriegel und Scheinkamelien.

Ein moderner Wandelgarten

Entwurf: Masatoshi Takebe

Mit 10.000 Quadratmetern ist dies einer der größten Privatgärten in Japan; er wurde für einen Auftraggeber entworfen, der sich an einer Blütenfülle im westlichen Stil erfreuen wollte, ohne dabei die grundlegenden Traditionen japanischer Gartenkunst aufzugeben. Der Designer Masatoshi Takebe, dessen Unternehmen den Garten pflegt, welcher aufgrund seiner Größe und komplexen Anlagen ständiger Aufmerksamkeit bedarf, zählt zu den besten japanischen Spezialisten für westlichen Gartenstil, voller Begeisterung für Englische Gärten. In letzter Zeit ist ein ansteigendes Interesse an westlichem Gartenstil und vor allem an Blumen zu beobachten, doch diese in den japanischen Garten zu integrieren ist nicht einfach.

Der Name des Gartens lautet Ryōgotei, »Ort, an dem Menschen zusammenkommen und sich vergnügen«; er bezieht sich auf das Motiv der Fusion westlicher und japanischer Bepflanzung. Geld war bei der Anlage kein Thema und so finden sich hier einige bemerkenswerte Exemplare. Eine circa zweihundert Jahre alte, immense rote Azalee ist wahrscheinlich einzigartig in ihrer Größe und Qualität und auch sehr wertvoll. Diese Spezies, eine der am meisten geschätzten unter den fünfzig japanischen Azaleenarten, wird als *kirishima-tsutsuji (Rhododendron obtusum)* bezeichnet und trägt im Frühjahr und Sommer rote Blüten.

Takebes Kombination westlicher und japanischer Gartentraditionen beinhaltet zwei Arten der Gegenüberstellung. Die sofort offenkundige ist ästhetischer Natur – er verwendet leuchtende Blüten in ausgefeilten Kombinationen von Farbe, Tönung und Form in Verbindung mit den traditionellen japanischen Grau- und dunklen Grüntönen. Pfingstrosen, Vergissmeinnicht, Anemonen und Tulpen sind nur einige von über dreihundert Pflanzenarten aus aller Welt.

Die zweite Art der Gegenüberstellung ist konzeptioneller Natur, denn unter dem ersten leuchtend bunten Eindruck hat Takebe verschiedene alte japanische Prinzipien versteckt. Beispielsweise verwendet er die ursprünglich aus China stammende Leitidee des *inyōgogyō* – *inyō* bezeichnet den Gegensatz zwischen männlich und weiblich, positiv und negativ, während *gogyō* sich auf die fünf Elemente Holz, Feuer, Erde, Gold (bzw. Metall) und Wasser

Außerhalb des ummauerten Hauptgartens und von der Zufahrt nicht zu übersehen reckt sich eine große rote Azalee empor, eine der in Japan am meisten geschätzten Arten. Mehr Baum denn Strauch, lässt ihre Größe auf ihr hohes Alter von zwei Jahrhunderten schließen. Die Pflegemaßnahmen sind umfangreich; drei oder vier Gärtner benötigen zwei bis drei Tage für den alljährlichen Rückschnitt.

Durch ein bescheidenes Holztor in der hohen Mauer betritt der Besucher einen spektakulären Garten, der sich ihm wie eine geheime und unerwartete Welt präsentiert. Dieser erste Blick durch den überdachten Durchgang ist eine Einstimmung auf die weiteren Gartenflächen voller gewundener Pfade und leuchtender Farbakzente vor üppigem Grün.

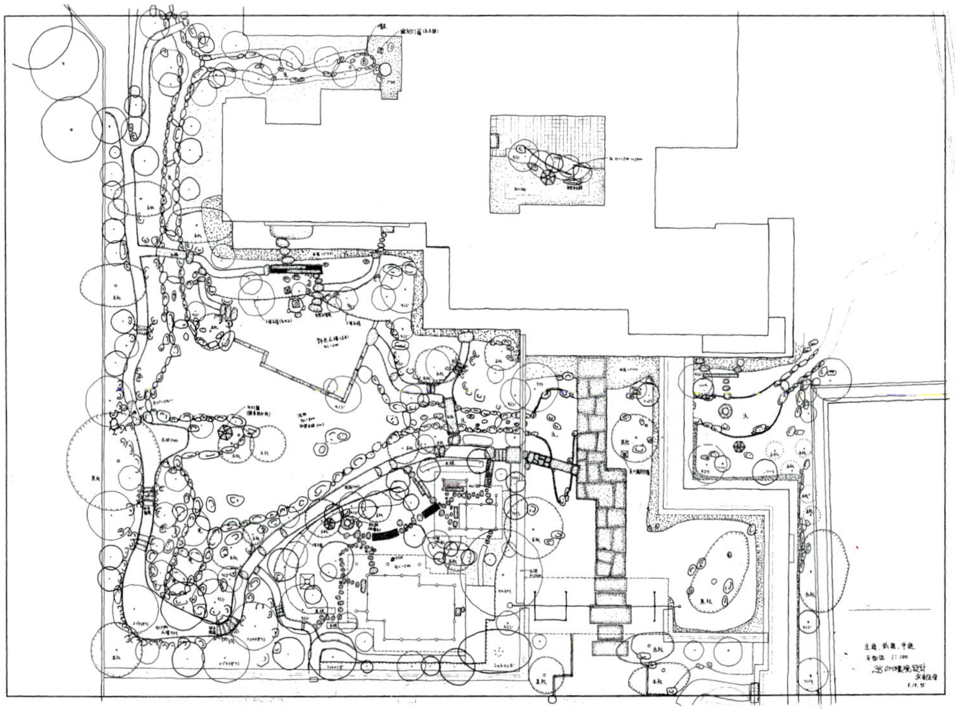

Der Plan der inneren Gartenanlagen; im oberen Bereich das Haus. Der Hauptzugang zu dem Anwesen befindet sich am unteren Rand, etwas rechts von der Mitte, und von hier führt ein breiter gepflasterter Weg zum Haus. Auf halber Strecke zweigt ein kurzer Weg nach links ab zu dem Tor im Foto gegenüber; der Hauptgarten nimmt fast die gesamte linke Hälfte des Plans ein.

bezieht. Ein Beispiel für dieses Prinzip findet sich in dem Wasserfall, der derart auf einer Seite des Hauptteiches platziert ist, dass er seine Energie auf das Haus richtet. Tatsächlich wurde dieses Arrangement als ein wenig zu mächtig empfunden, weshalb Takebe einen Felsen vor den Wasserfall setzte, der einen Teil von dessen Energie absorbiert.

Eine weitere Bezugnahme findet sich auf den traditionellen Garten des Buddhismus des Reinen Landes, ein Stil, der gegen Ende der Heian-Zeit (794–1185) aufkam, als man der Meinung war, man lebe in einem Zeitalter der Irrungen. Solche Gärten waren ein Versuch, das buddhistische Utopia als Mittel der Erlösung nachzubilden. Zu den daraus von Takebe entliehenen Komponenten zählt das *nantei*, ein ebener Empfangsbereich direkt am Haus. Traditionsgemäß wäre dieser mit weißem Sand bedeckt, doch der Designer interpretierte ihn als Rasen.

Auf moosüberzogenen Hügeln ruhen Felsen aus vielen Teilen Japans, welche die Linien der Pfade aufbrechen. Sie sind wichtige Bestandteile sorgfältig komponierter Ansichten.

Eine kräftige Kombination verschiedener japanischer Azaleen, hier in voller Blüte, mit den Tulpen und Vergissmeinnicht europäischer Gärten spiegelt das Bestreben des Designers wieder, die zwei Traditionen miteinander zu verschmelzen.

◡

Ein sorgsam begrünter felsiger Wasserfall ergießt sich in einen frei gestalteten Teich im Mittelpunkt des Gartens. Der Felsen vorne links im Bild hat nicht nur gestalterische Funktion – er absorbiert Energie, die der Wasserfall ausströmt.

☾

Hinter dem Haus dominiert eine hohe *maki*-Sicheltanne *(Cryptomeria japonica)* das Bild; sie stammt von Yakushima, nahe Okinawa, ganz im Süden Japans. In seiner Verschmelzung internationaler Stilarten hat der Designer den Fuß des Baums mit einem sehr englischen Beet voller Veilchen und Löwenmäulchen umgeben.

Im östlichen Gartenteil, abseits des Hauptgartens, begleitet ein zweiter Bachlauf den Pfad. Ein bizarr geformter dunkler Vulkanstein bildet den Mittelpunkt einer Komposition mit verschiedenen Azaleen, darunter auch spätblühende Arten.

Ein einziger flacher Felsen überspannt den Teich an seiner schmalsten Stelle; über ihn verläuft der Pfad, der das Gartentor mit dem Haus verbindet. Im japanischen Garten ist das Aufspüren der Steine häufig genauso wichtig wie die Wahl der Pflanzen. Japan ist reich an vulkanischen und metamorphen Gesteinen, deren vielfältiges Erscheinungsbild zweifellos die Liebe seiner Gärtner zum Stein beeinflusst hat.

Um den Westflügel des Wohnhauses zieht sich ein Ziegelweg, dessen Außenseite eine Azaleenpflanzung säumt. Hier erweitert er sich um einen einzelnen Ahorn auf einem moosbedeckten Hügel. Takebe verwendete graue Pflasterziegel von einer stillgelegten Stahlfabrik als zurückhaltenden Kontrast zu den farbenprächtigen Blüten.

Takebe verweist darauf, wie bedeutsam die Unterscheidung zwischen den verschiedenen japanischen Gartentraditionen ist. Während beispielsweise der Zen-Garten und seine Abkömmlinge, wie der Trockenlandschaftsgarten der Muromachi-Zeit (1338-1573) und der rustikale Teegarten der Momoyama-Zeit (1573–1603), von großer Zurückhaltung geprägt sind, verwendeten andere Stilarten der Vergangenheit auch Blumen. Azaleen sind in Japan von historischer Bedeutung und spielten in vielen Teichgärten der Edo-Zeit (1603–1868) eine Rolle. Sie wurden auf zweierlei Weise verwendet – ihre Blüten setzten zeitweilig farbige Akzente vor das überwiegende Grün, und als Formsträucher wurden sie gern der unbeschnittenen Hintergrundvegetation gegenübergestellt, wie in dem Teichgarten des Joju-in-Tempels in Kyoto. Takebes Verwendung unterscheidet sich davon sehr: Er macht sie zu einer weiteren blühenden Komponente in einer beabsichtigt überschwänglichen Komposition. Die hier gezeigten Fotos, die Ende April aufgenommen wurden, zeigen sie in ihrer vollen Pracht.

Während der oben genannten Heian-Zeit spielten Blumen eine zentrale Rolle zur Unterhaltung. Für diese wichtige frühe Phase japanischen Gartenbaus waren große Wandelgärten für Spaziergänge und Bootsfahrten charakteristisch, ein aus China stammender Stil. Nicht ein einziger ist erhalten geblieben, doch zeitgenössische Berichte beschreiben die Gedichtwettbewerbe und Festmahle, die dort abgehalten wurden. Der Roman *Die Geschichte des Genji* von Shikibu Murasaki, einer Hofdame aus dem elften Jahrhundert, wartet mit detaillierten Darstellungen auf: »Die Hügel erhoben sich hoch im südöstlichen Viertel, wo früh blühende Bäume und Sträucher in großer Zahl gepflanzt waren … Unter den Pflanzen in den vorderen Gartenbereichen fanden sich Kiefer, Ahorn, Kirschbäume, Glyzinien, Ranunkelstrauch und Zwergazaleen.« An anderer Stelle erfahren wir: »Da nun der Herbst gekommen war, leuchtete der Garten mit einer Überfülle von Herbstblumen und buntem Laub, welche die Hügel von Oi erblassen ließen.« Takebe hat aus einem noch größeren, internationalen Blütenreichtum geschöpft, um in diesem Garten den Kreis zu Japans ältester Gartentradition zu schließen.

Zwischen Haus und Garten findet sich ein kreisförmiger, leicht versenkter Pflasterplatz. Der Entwurf sah für diese Stelle einen Teich vor, doch die Besitzerin bat um eine Gestaltung, die keiner Pflege bedarf. Der Designer schuf die Anlage aus *sakuishi*-Stein vom Yatsugatake; dieser speichert Feuchtigkeit und bietet so den angepflanzten Moosen einen Lebensraum.

Shinto-Komposition

Entwurf: Satoru Masaki

Shinto war die ursprüngliche Religion des japanischen Volkes; als weiterentwickelte Form des Animismus ist sie einzigartig unter den Weltreligionen. Die *kami*, die teils als Gott, teils als Geist betrachtet werden, sind Naturmächte, die mit den Hauptelementen der Natur assoziiert werden: Bäumen, Felsen, Quellen, Bergen und Tieren. Manche werden als die Vorfahren des japanischen Volkes betrachtet. Im Shinto-Glauben ist daher die gesamte Natur von heiliger Macht durchdrungen, was schon immer die Einstellung der Japaner zu Pflanzen und Steinen und in letzter Konsequenz auch zum Garten geprägt hat.

Diese Naturverehrung hatte zur Folge, dass die frühesten Schreine in hügeligen Wäldern errichtet wurden; viele der wichtigsten, darunter der Kaiserliche Schrein in Ise und die Schreine in Mayajima und Miyazaki, liegen auch heute mehr oder weniger isoliert vom täglichen Leben des Japaners inmitten eines natürlichen Lebensraums. In der shintoistischen Mythologie ließen sich die Nachfahren der Sonnengöttin zunächst in Miyazaki auf der südlichen Insel Kyushu nieder; der Westen und Süden Japans haben eine besonders enge Beziehung zu Schreinen. Diese Gebiete zählen zu den wenigen immergrünen Laubwäldern der Erde. Solcher Wald wird auf Japanisch als *shoyojurin* bezeichnet; typisch für ihn sind das ziemlich dichte Unterholz, die große Zahl verschiedener Arten und das üppige Grün. Es handelt sich dabei um subtropischen Wald mit Verwandtschaft zum tropischen Wald, die beide keinen Laubabwurf kennen. Der ausgedehnteste *shoyojurin*-Wald des Landes findet sich passenderweise nicht weit von Miyazaki; für einen Japaner ist diese Pflanzengemeinschaft untrennbar mit dem Shinto-Glauben verbunden.

Dieser Garten für ein Haus in Den-en-chofu, einer gehobenen Wohngegend Tokios, nimmt starken Bezug auf die Shinto-Traditionen. Die Eigentümerin hatte zur Bedingung gemacht, dass der Garten mit wenig Pflegeaufwand auskommen und das ganze Jahr über nutzbar sein sollte. Der Designer, Satoru Masaki, empfand für sie die Pflanzengemeinschaft eines perfekten Shinto-Schreins nach – eine Mischung von *shoyojurin*-Immergrünen und anderen Pflanzen, die direkt mit einem solchen Schrein und seinen Riten in Verbindung stehen. Obwohl Tokio am östlichen Rand dieser Vegetationszone liegt, die durch Wärme und hohe Luftfeuchtigkeit gekennzeichnet ist, bietet der Garten aufgrund seiner geschützten Lage die geeigneten Bedingungen.

Masakis Hauptüberlegung bestand darin, dass die Ausrichtung auf den Weg des Shinto dem kleinen Garten eine philosophische Tiefe verleihen würde. Er pflanzte eine relativ große Zahl verschiedener Arten, genau wie in einem *shoyojurin*-Wald. Zu den von ihm gewählten Bäumen zählen immergrüne Bambusblättrige Eiche *(Quercus myrsinifolia)*, japanische Blaueiche *(Quercus glauca)*, *Dendropanax trifidus* Makino und die kastanienartige *Castanopsis cuspidata*. Unter den Sträuchern sind Aukube *(Aucuba japonica)*, Zimmeraralie *(Fatsia japonica)*, *yuzuriha* (Chinesischer Scheinlorbeer, *Daphniphyllum macropodum)* und zwei, die für den Shinto-Schrein besonders signifikant sind: der Sperrstrauch *sakaki (Cleyera japonica)* und das Magnoliengewächs *ogatamanoki (Michelia compressa)*. Außerdem findet sich hier eine Anzahl von Heilpflanzen, darunter *tsuwabuki (Farfugium japonicum)*, dessen Blätter auf Verbrennungen aufgelegt werden, Kalmus *(Acorus gramineus)* gegen Magenschmerzen, Liriope *(Liriope platiphylla)*, die den Brechreiz dämpft, *dokudami (Houttuynia cordata)*, die beim *Kanpo*, einer alten chinesischen Praxis, zur Förderung des Stoffwechsels eingesetzt wird, und Japanpfeffer *(Xanthoxylum piperitum)*. Um außerdem für ein wenig Abwechslung zu sorgen, fügte Masaki einige laubabwerfende Bäume und Sträucher hinzu, darunter den *yamabōshi*-Blumenhartriegel *(Cornus kousa)*, *Sapium sebiferum* und Scheinkamelie *(Stewartia pseudocamellia)*.

Den seitlichen Blick vom Wohnraum auf den Pflasterkreis im Garten rahmt eine Bergaralie *(Schefflera)* im Topf. Die beiden kleinen *tōro*-Steinlaternen brachte die Besitzerin aus Kyushu mit.

Am Ende des Gartens liegt ein winziges Steinbecken voller blass-blaugrüner Kiesel – eine halb unter Farnen versteckte geheime Quelle. Natürliche Wasservorkommen werden mit den Geistern in Zusammenhang gebracht, welche die Natur bevölkern, und dementsprechend mit dem Shinto-Glauben.

Das Haus als Garten

Entwurf: Masahisa und Tsuneko Koike

Kaum betrauert, schwinden in Japan unter dem Ansturm der Apartmenthäuser die Billigbauten rasch dahin, deren Name *nagaya* wörtlich »langes Haus« bedeutet. «Enges Haus« wäre eigentlich zutreffender, denn diese äußerst bescheiden ausgestatteten Holzrahmenbauten sind nicht groß und werden zudem meist von mehreren Parteien bewohnt, wofür sie entlang der Längsachse in Einzelwohnungen aufgeteilt werden. Während das *nagaya* schon in den Städten der Edo-Zeit (1603–1868) als Reihenhaus anzutreffen war, stammen die meisten heute noch existierenden Bauten aus der Zeit unmittelbar nach dem Zweiten Weltkrieg, als billiger Wohnraum schnell zur Verfügung gestellt werden musste. Mit dem Beginn des japanischen Wirtschaftsaufschwungs Ende der Sechziger wurde ihr Bau gestoppt.

Wo sie heute noch zu finden sind, wie in diesem kleinen Stadtteil von Kunitachi, einem Ort nicht allzu weit von Tokio, sind sie nicht sonderlich begehrt, doch der Bildhauer und Künstler Masahisa Koike sah die Möglichkeit, ein *nagaya* zu einem »Gewächshäuschen« umzubauen – in einer japanischen Stadt eigentlich vollkommen undenkbar. Er führt dazu aus, dass für einen Japaner zwar eigentlich der Garten ein fester Bestandteil des Hauses ist, in dem er Frieden, Ruhe und eine gewisse Nähe zur Natur verspüren kann, die moderne Realität für die meisten Menschen jedoch ganz anders aussieht. Die Geographie dieses Landes konzentriert den größten Teil der 130 Millionen Einwohner auf jene 30 Prozent der Fläche, die nicht gebirgig sind; das wenige flache Land wird immer begehrter und als erstes wird im Allgemeinen auf den Luxus eines privaten Gartens verzichtet. Nach westlichem Ermessen hat das kleine Haus der Familie Koike überhaupt keinen Garten. Die Veranda misst lediglich ein mal vier Meter, und der drei Meter breite Durchgang, der das Haus von seinem Nachbarn trennt, wird von beiden Haushalten genutzt.

Koike ließ sich von dem Platzmangel nicht beirren, sondern nahm ihn vielmehr zum Ansporn, das Haus in zwei Schritten der Natur zuzuführen. Zum einen nutzte er die vertikalen Flächen für Kletterpflanzen, die an den Wänden und bis aufs Dach emporklimmen bzw. von den Giebelflächen herabhängen. Zum anderen gab er den Konturen des Bauwerks ein weicheres Aussehen, indem er eine alte japanische Version des Lehmflechtwerks anbrachte. Unterstützt von Baumstämmen, Ästen und Reisig verwandeln diese beiden Ansätze das bescheidene Haus in seinen eigenen Garten.

In Form gebogenes Drahtgeflecht und Putz sind das Material dieser Pflanztröge; sie wurden in zwei Etagen in den Giebel eingefügt und bieten Kletterpflanzen und Ranken Halt.

Grüne Pflanzen, Holz und Reisig maskieren die bescheidenen Dimensionen dieses Hauses. Stockrosen *(Althaea rosea*, vorn im Bild) gesellen sich zu schlingendem Nachtschatten *(Solanum japonense)*, der den Eckpfeiler der Pergola erklimmt. Die rustikale Unbändigkeit steht im Kontrast zu der Vorstadtkulisse; sie schafft eine winzige ländliche Enklave in der Stadt.

PLANTER COTTAGE

Die Besitzer machten das Beste aus diesem winzigen Bereich, indem sie die Veranda mit einem Reisigzaun und einer rustikalen Pergola aus Stämmen und Ästen umgaben und den Innenraum dazu öffneten. In dem selbst gefertigten Wassertrog gedeihen Iris, Wasserhyazinthen und Pfeilkraut.

Die Verwandlung des *nagaya* in ein kleines »Gewächshaus« nahm fünf Monate in Anspruch, größtenteils für das Trocknen des Verputzes. Das Flechtwerk für den Lehmbewurf ist aus Zweigen gemacht – eigentlich entspricht Bambus der Tradition, doch Koike wünschte eine unregelmäßigere Oberfläche. Es wurde mit Drahtgeflecht bespannt, das dem feuchten Lehm besseren Halt bietet und die Wand mit zusätzlichen Rundungen und Dellen versieht. Koike wählte als Bewurf ein spezielles Material namens *arakida* aus der Präfektur Saitama, den feinen Schlick der Reisfelder, der zum Festzementieren der traditionellen Dachziegel aus gebranntem Ton verwendet wird. Nach dem Trocknen ist er von zahllosen Haarrissen überzogen, ein Effekt, den die Hauseigentümer im Hausinneren bewahrten, indem sie den Bewurf nicht überstrichen. Der untere Teil der Innenwände und die Hausfront einschließlich der Veranda wurden mit einem Putz versiegelt, dem feingemahlene Kiefernholzkohle beigemischt ist.

Die vertikale Bepflanzung profitiert von dem Putz der Außenwände. Hier finden sich vorwiegend Kletterpflanzen, wie die Gefiederte Sternwinde *(Quamoclit pennata), Solanum japonense*, efeublättrige Prunkwinde *(Ipomoea hederacea)* und Blaue Passionsblume *(Passiflora caerulea)*. Manche erklettern die Wände von dem schmalen Erdstreifen entlang der Hausseite aus, andere baumeln aus Trögen unter dem Giebel. Goldfische und Wasserpflanzen wie Wasserhyazinthen, Seerosen und Iris besiedeln einen aus Mörtel hergestellten Wassertrog auf der Veranda, die von einer rustikalen Pergola aus Ästen überdacht ist. Die grüne Hülle des Hauses hat dabei nicht nur eine ästhetische Wirkung, sondern Pflanzen und Wandverkleidung wirken im Sommer wie im Winter auch temperaturregulierend.

Bei warmem Wetter werden die in der verputzten Wand laufenden Schiebetüren geöffnet, so dass der Wohnbereich die Veranda mit einschließt, deren Reisigzaun die Privatsphäre sichert. Als endgültig verbindendes Element von Drinnen und Draußen fungiert eine in den Boden versenkte Eisenskulptur eines befreundeten Künstlers, Kyōko Taniyama. Dieses Werk mit Namen »Tiles« (Kacheln) besteht aus dünnen, verschweißten und weiß emaillierten Eisenplatten, von denen eine mit einem kleinen ovalen Wasserbecken ausgestattet ist, in dem Ableger der Pflanzen aus dem Trog auf der Veranda schwimmen.

Der Hausbesitzer ist ein Künstler, der mit Metall arbeitet, und hat einige seiner kleineren Werke direkt neben der Veranda aufgestellt. Dieser Kaktusständer erinnert an die aufgerollten Blätter der Lotuspflanze.

Traditionelle *sumi*-Tusche gibt den Lehmmauern und dem Estrichboden des Wohnzimmers ihre Farbe, die zu der ländlichen Atmosphäre beiträgt. Der winzige abstrakte »Garten« mit einem Teich und weißem Kies direkt am Eingang leitet sich von der *karesansui*-Tradition her, dem Trockenlandschaftsgarten, verwendet jedoch anstelle von Steinen weiß emaillierte Eisenplatten, die von Kyōko Taniyama angefertigt wurden.

☽

Dieses Holzhaus liegt an einem steilen Hang, dem obersten Ausläufer eines kleinen Tals; die Lage ermöglichte ein Design, bei dem das asymmetrische Dach auf einer Höhe mit der Straße liegt. Der Besucher schaut direkt auf das bepflanzte Dach, wenn er auf den Hauseingang zugeht, der über eine Zugbrücke zu erreichen ist.

☾

Ein Gärtner des Architekturbüros führt die jährliche Inspektion des einzigartigen Bewässerungssystems und der Töpfe durch, die nur minimaler Pflege bedürfen.

Ein Dachgarten

Entwurf: Terunobu Fujimori

Dachgärten im eigentlichen Sinne des Wortes sind in Japan nicht ungewöhnlicher als an anderen Orten der Welt, eine Form der Raumnutzung in städtischer Umgebung. Doch als der Architekt und Professor für Architekturgeschichte Terunobu Fujimori dieses Haus für seinen Freund, den Künstler und Schriftsteller Genpei Akasegawa, entwarf, schwebte ihm etwas vollkommen anderes, stärker Integrierendes vor. Auf dem langgestreckten, sanft geneigten Dach, das sich aufgrund des stark abschüssigen Grundstücks fast auf einer Höhe mit der Straße befindet, wachsen aus eintausend regelmäßig eingesetzten Töpfen *nira*-Pflanzen – Schnittknoblauch *(Allium tuberosum)*.

Recht ungewöhnlich an dieser Gestaltung ist dabei allein schon die ausgewählte Pflanze. Schnittknoblauch ist eine Hauptzutat für *gyōza*, die weitverbreiteten halbmondförmigen Klöße, die in ganz Japan ebenso beliebt sind wie in ihrem Ursprungsland China. Und so ist er Thema vieler Witze, ähnlich wie Knoblauch einst in Nordeuropa. *Allium tuberosum* ist ziemlich streng im Geruch, enthält viel Vitamin A, erfreut sich bei Bauarbeitern großer Beliebtheit als Energielieferant und ist insgesamt eine recht raue, unkultivierte Pflanze. Er ist ein Frühlingssymbol, wird aber in den 4.500 klassischen Gedichten der *Manyōshū*-Sammlung nur ein einziges Mal erwähnt. Armes *nira*! Als Akasegawa von den Plänen für sein Dach erfuhr – das übrigens unübersehbar am Wegrand liegt – war sein erster Gedanke: »*Nira*? Auf meinem Dach? Und dafür soll ich auch noch bezahlen?« Doch er konnte nicht zu vehement dagegen protestieren: »So etwas kann man Fujimori schlecht sagen. Er würde mich nur für einen Schwächling halten.« Fujimoris Gründe für seine Wahl waren das leuchtende Grün und die Widerstandsfähigkeit der Pflanze. »Es ist eine sehr kräftige Pflanze, beinahe ein Unkraut. Sie wird uns auf dem Dach keine Schwierigkeiten bereiten«, sagte er zu Akasegawa. Und als Akasegawa wissen wollte, wie seine Nachbarn wohl reagieren würden, beruhigte ihn der Architekt mit den Worten: »Mach dir um den Geruch keine Sorgen. Der entsteht nur, wenn er abgeschnitten wird, und die kleinen Blüten duften.«

Aus dem Hauptdach ragt ein Teeraum empor, dessen Dach ebenfalls mit Knoblauch besetzt ist. Das Tonnengewölbe ist aus Feuerholz gemacht – ein weiteres Exempel der ausgefallenen, ungekünstelten Entwürfe Fujimoris.

Das geniale Bewässerungssystem, das die tausend Topfpflanzen so verlässlich mit Wasser versorgt, verbirgt sich unter den horizontal verlegten Planken, mit denen das Dach gedeckt ist.

Es war eine Herausforderung, ein unauffälliges, verlässliches und gleichzeitig automatisches Bewässerungssystem für den getopften Knoblauch zu entwickeln. Das Dach ist mit breiten Planken gedeckt, unter deren unterem Ende Bewässerungsrohre befestigt sind. In kreisförmige Ausschnitte entlang der Oberkante sind die Töpfe passgenau eingehängt (unten); durch einen Ausschnitt im Topfrand wird das Wasser zugeführt (unten rechts). Glasbecher um die Töpfe verhindern, dass Wasser durchsickert.

Und so wurde der Plan in die Tat umgesetzt; Fujimori bestand darauf, auch Akasegawa und seine Studenten mit einzubeziehen und das Ganze zu einem Happening zu machen. Letztendlich, für den Hausherrn und manchen anderen geradezu überraschend, wurde das Haus 1997 mit dem renommierten Kunstpreis Japans ausgezeichnet, dem 29. Nihon Geijutsu Taisho. (Im folgenden Jahr gewann diesen der Modedesigner Issey Miyake.) Dach als Küchengarten, Haus als Kunstwerk – es ist nicht der einzige Ausflug, den Fujimori in das Reich der bepflanzten Häuser unternimmt. Bei seinem eigenen *Tampopo*-Haus (Löwenzahnhaus) bepflanzte er Dach und Wände mit Gräsern und Löwenzahn, die er selbst von einer Leiter aus pflegt. Zu seinen weiteren Projekten zählt ein Haus, dem eine Kiefer aus der Spitze des steilen Daches wächst, ein anderes trägt eine Kamelie. Sie alle sind Teil seiner Mission, Stadthäuser zu begrünen, und er experimentiert mit Methoden, die lebendige Natur in seine Bauwerke zu integrieren; nach seinen Worten sind »Haus und Blumen auf eine Weise vereint oder besser: verbunden, dass eines das Wesen des anderen unterstreicht«.

Fujimoris recht eigenwillige Interpretation von Architektur – die für ihn grundsätzlich den Garten mit einschließt – ist tatsächlich wohlüberlegt. Das *Nira*-Haus ist eine Neuinterpretation des *shibamune*, der mit Grassoden gedeckten Bauweise, die in Japan einst auf dem Lande verbreitet war. Fujimori erinnert sich an einen solchen Bau, den er in Tohoku sah: »Wenn man *noshiba [Zoysia japonica]* entdeckt, *michihatsu* [eine kleine Iris-Art], *iwahiba* [Moosfarn, *Selaginella tamarascina], oniyuri* [Tigerlilie, *Lilium lancifolium]* oder *nira*, dann kann man sich glücklich schätzen, denn dann hat man ein echtes Beispiel für diese alte japanische Dachdeckung gefunden, die am Aussterben ist.«

Für einige Probleme musste noch eine Lösung gefunden werden. Fujimori wusste, welche Wirkung er erzielen wollte, nämlich einen stärker organisierten, architektonischen Effekt als mit einem echten *shibamune*, doch all diese Pflanzen mussten am Leben gehalten werden. »Ich experimentierte zunächst am Haus meiner Eltern auf dem Land und stellte fest, dass die verlässlichste Methode darin bestand, runde Löcher in das Dach zu schneiden und dorthinein Töpfe mit jeweils einem Umtopf aus Glas zu hängen.« Um das akkurate Arrangement der Töpfe nicht zu stören, entwickelte er ein verdecktes Bewässerungssystem. Horizontal unter den Dachlatten sind Wasserrohre verlegt, die für jeden einzelnen der direkt darunter gelegenen Töpfe angebohrt sind. Von jedem Töpfchen ist der obere Rand so angeschnitten, dass das Wasser hineingeführt werden kann; der gläserne Umtopf speichert diesen Vorrat. Sämtliche eintausend Umtöpfe wurden von Fujimoris Studenten angefertigt. Als Höhepunkt der Dachbepflanzung errichteten sie in gemeinsamer Anstrengung einen Teeraum, der über das Hausdach hinausragt. Dessen aus Holzscheiten gefertigtes Tonnengewölbe wirkt genauso erdverbunden wie die *nira*-Pflanzen ringsum.

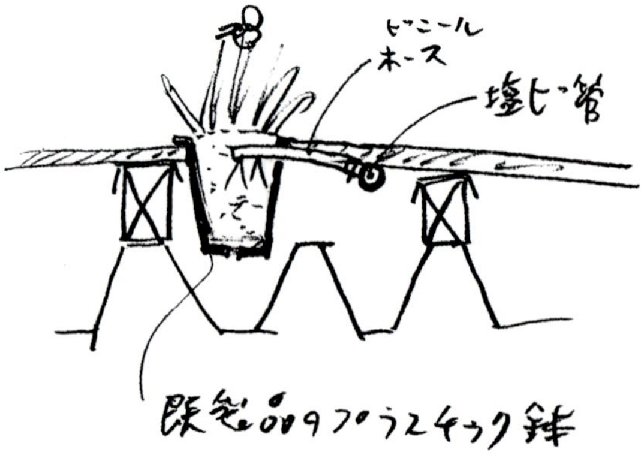

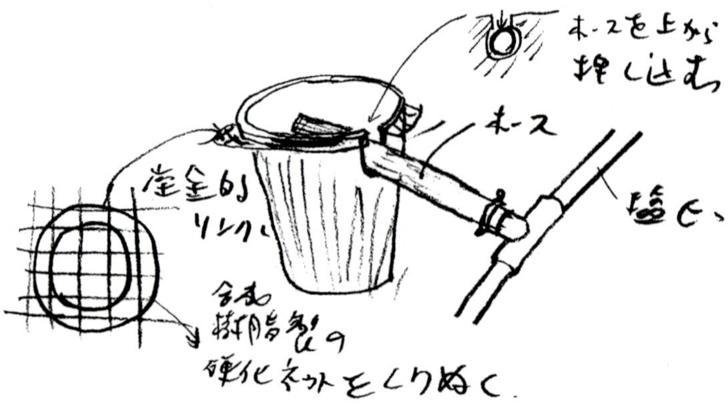

Grüner Überschwang

Entwurf: Masatoshi Takebe

Der Garten dieses Hauses in der Nähe von Osaka erstreckt sich L-förmig über zwei Seiten einer Terrasse im ersten Stock. Sanft windet sich ein Weg vom Straßenniveau bis auf die Höhe des Gartens, zu dem ein Bachlauf mit niedrigen Staustufen und ein speziell entworfener Wintergarten gehören, dessen Dach und Wände begrünt sind. Die statischen Voraussetzungen für diese Anlage wurden dadurch erfüllt, dass der Bauherr von Anfang an den Gartendesigner Masatoshi Takebe in die Planung einbezog. Während das Haus von derselben Baufirma errichtet wurde, die auch die umliegenden Grundstücke erschloss, trug Takebe die Verantwortung für die Terrasse, den Hang zum Eingangstor und die hohe Mauer entlang der Straße.

Takebe, der sich mit seiner spektakulären Gestaltung des großen Ryōgotei-Gartens einen Namen gemacht hat (Seite 150–157), begeistert sich sehr für den Englischen Garten und hat gemeinsam mit Rosemary Verey einen Garten nahe Osaka entworfen. In Ryōgotei vereinte er englischen Blütenreichtum mit japanischer Designphilosophie. Obwohl ihm hier weit weniger Fläche zur Verfügung stand – 70 Quadratmeter einschließlich Weg- und Pflasterflächen –, folgte er dem gleichen Sinn für Pflanzenvielfalt, reduzierte die Palette aber im Wesentlichen auf Grün. Er wählte über dreihundert Arten in unterschiedlichsten Grüntönen aus und ergänzte dabei heimische Pflanzen – zum Teil Wildarten aus den umliegenden Hügeln und Wäldern – durch einen internationalen Reichtum. Seine besondere Freude hatte er dabei an Funkien *(Hosta)*, von denen er zwanzig verschiedene Sorten einbrachte.

Das Haus hat auf Straßenhöhe eine Garage für vier Autos; der eigentliche Wohnraum beginnt mit der Terrasse in der ersten Etage. Eine starke Mauer war in Verlängerung der Garage notwendig, die Takebe aus praktischen Erwägungen mit Natursteinplatten verkleiden wollte. Normalerweise wären diese sehr schwer gewesen, doch in China fand er einen Granit, der sich relativ problemlos zu dünnen Platten schneiden ließ. Hinter dieser Mauer, parallel zur Straße, legte Takebe den Stufenweg an, der fast drei Meter ansteigt und kurz vor seinem Ende an der Haustür vorbeiführt. Die Steine dafür stammen zum größten Teil von einem anderen Grundstück des Auftraggebers.

Die Hausherrin hat den Naturgarten um ihre Lieblingspflanzen bereichert: Das Dach des Wintergartens bedecken Gräser und Seggen, unter ihnen die fedrigen Blütenstände der Mähnengerste *(Hordeum jubatum)*. Sie alle wachsen in Perlit, einem glasigen, wasserhaltigen Gestein, das hier in seiner aufgeschäumten Form als Kultursubstrat verwendet wird.

Felsen säumen den Weg von der Straße, der an der Hausfassade vorbei auf die Terrasse führt. Sie sind von einer Vielzahl verschiedener Pflanzen in unterschiedlichen Grüntönen umgeben, darunter viele verschiedene Funkiensorten (Hosta), die hier rechts und links im Bild zu sehen sind.

Pflanzen überziehen Dach und Seitenwand des Wintergartens, und von hier schlängelt sich ein kleiner künstlicher Bachlauf über die große Dachterrasse der ersten Etage. Das Gewässer säumen heimische Zwergbinsen und andere Wasserpflanzen direkt vor der Steinplatte, die als Steg dient.

Die Innenwände des Wintergartens überzieht eine dicke Schicht aus hygroskopischem, aus Plankton hergestelltem Putz, der für konstante Luftfeuchtigkeit sorgt.

An der Außenwand des Wintergartens gedeihen Pflanzen in klebrigem Schlamm. Die kleinen, fleischigen Blätter direkt oberhalb des Steins gehören einem heimischen Farn *(Pyrrosia tricuspis)*.

Zu den ungewöhnlicheren Pflanzen entlang des Bachlaufs zählt eine schlanke, hohe Segge mit sternförmigen Scheinblüten *(Rhynchospora colorata)* aus Florida.

Von der oberen Etage fällt der Blick auf pflanzengesäumte Kaskaden und den Bach, der sich über die Terrasse schlängelt, und auf die von Gräsern und Seggen bewachsenen Stufen des Wintergartendaches.

Der übliche Bodenbelag aus Naturstein wäre für den unter der Terrasse gelegenen Garagenbau zu schwer gewesen; so verwendete Takebe großformatige, graue Pflasterklinker, mit denen einst der Boden einer Stahlhütte ausgelegt war, in diagonaler Verlegung. Dieses beherrschende Muster durchbricht ein kleiner Bachlauf, dessen Kiesbett mit unterschiedlichen Wasserpflanzen besetzt ist, darunter Rote Schlauchpflanze *(Sarracenia purpurea)*, japanische Binsenarten, bunte sowie kleinwüchsige japanische Kalmus-Arten *(Acorus gramineus)* und grazile weißblühende Segge *(Rhynchospora colorata)*. Fließendes Wasser spielt in diesem Garten eine wichtige Rolle. Hoch in der Südost-Ecke beginnt es mit einer sanften Kaskade, rinnt dann über Steine entlang der Südseite zu einer weiteren Stufe neben dem Wintergarten und überquert schließlich die Terrasse bis hin zum Stufenweg. Eine Pumpe befördert es durch Rohre zurück, die unter dem Terrassenpflaster verlegt sind.

Der Hauseigentümer bat um einen Wintergarten und auch dieser enthält ein Brunnenelement mit einem Wasserfall und einem Sammelbecken. Obgleich er und Takebe gemeinsam auf der Chelsea Flower Show in London englische Entwürfe begutachteten, fand sich für ihr Vorhaben nichts Geeignetes: Der Sommer in diesem westlichen Teil Japans ist heiß und feucht, und Takebe beschloss, selbst einen Wintergarten zu entwerfen, der relativ kühl bleibt. Außerdem erkannte er, dass eine Konstruktion, deren Flächen sich bepflanzen lassen, seinem Bestreben entgegenkommt, möglichst viele verschiedene Pflanzenarten einzubringen.

Das Dach des Wintergartens ist terrassiert und wurde mit Acryl wasserdicht behandelt. In ein Pflanzsubstrat aus granuliertem Vulkangestein, Perlit, setzte Takebe eine reiche Mischung von vorwiegend Gräsern und Seggen, darunter Mähnengerste *(Hordeum jubatum)*, Pampasgras *(Cortaderia selloana)*, Japan-Segge *(Carex morrowii)* und *Carex flagellifera*. Diese Pflanzengemeinschaft benötigt nur alle zwei Jahre eine Düngergabe; Regenwasser wird von der Regenrinne über eine Reihe kleiner Rohre zur Wand geleitet, wo ebenfalls ein Beet angelegt ist. Ein Plastikgewebe, das sonst zu Drainagezwecken bei Bauvorhaben benutzt wird, dient klebrigem schwarzem Marschschlamm als Halt, wie er in der Bonsai-Zucht Verwendung findet; auf diesem Untergrund gedeihen Farne wie *Pyrrosia tricuspis* und *Lepisorus thunbergianus* sowie blau blühende Gundelrebe *(Glechoma hederacea)*.

Register

A

Acer siehe auch Ahorn
A. amoenum 45
A. japonicum (Jap. Ahorn) 41
A. matsumurae (Bergfächerahorn) 45, 77
A. palmatum (Fächerahorn) 41, 45, 77, 98, 112–113
Acorus gramineus (Kalmus) 159, 171
Ahorn 87, 91, 96, 98, 118 siehe auch *Acer*
Akenuki, Atsushi 42–45
Allium tuberosum (Schnittknoblauch) 164–167
Amenlanchier asiatica (Asiatische Felsenbirne) 133
Aoki, Yasujirō 88–91, 102–105, 132–135
Aspidistra elatior (Schusterpalme) 28
Astilbe ›Venus‹ 140
Atami, Wasser/Glas-Haus 120–125
Aucuba japonica (Aukube) 159
Azalee 60, 62, 73–75, 150–153, 155

B

Bambus
Arundinaria japonica 112–113
Phyllostachys nigra (Schwarzrohrbambus) 96, 110–111
Phyllostachys pubescens 58–63, 144–145
Sasa veitchii (Zwerg-Bambusgras) 145, 147
Semiarundinaria fastuosa (Säulenbambus) 98–101, 144–145
Shibatea kumasasa Nakai (Bambusgras) 98, 146
Beleuchtung 111–113
Binnengarten 13, 26–32, 62
Blick, kontrollierter 12, 20, 35, 68–71, 102–103, 118, 136
Blumen, Verwendung im Garten 134, 150–157
Buddhismus 8, 52, 76, 77, 133, 152 siehe auch Zen-Buddhismus
Buxus microphylla (Buchsbaum) 105

C

Camellia siehe auch Kamelie
C. lutchuensis 91
C. wabisuke 104–105
Carex (Segge) 171
Castanopsis cuspidata 159
Chaenomeles speciosa Nakai (Japanische Zierquitte) 28
Chamaecyparis obtusa (Hinoki-Scheinzypresse) 31, 148
cha niwa (Teegarten) 50
chashitsu (Teeraum) 40–41
China, Einflüsse von 27, 151, 155
Chloranthus glaber Makino 28
Cleyera japonica (Sperrstrauch) 8–9, 159
Cornus florida (Amer. Blumenhartriegel) 30–32, 133–134
C. kousa (Chines. Blumenhartriegel) 59, 65–66, 87, 145, 159
Cortaderia selloana (Pampasgras) 171
Corylopsis spicata (Ähren-Scheinhasel) 87
Cryptomeria japonica (Sicheltanne) 154

D

Dachgarten 164–167, 171–173
Dachziegel, Verwendung von 94–98, 101
Daphniphyllum macropodum (Chines. Scheinlorbeer) 159
Diospyros kaki (Kakipflaume) 114
doma (gestampfter Lehmboden) 22, 25, 138, 146–147

E

Englischer Gartenstil 143, 151, 168

F

Farfugium japonicum 104, 159
Farne 25, 91, 138, 148–149, 171
Fatsia japonica (Zimmeraralie) 104, 159
Fels 34–39, 120, 152, 154–155 siehe auch Stein
behauen 106–109
Bedeutung von 76–77, 82–85
Fiberglas, Verwendung von 46–49
Fraxinus japonica (Esche) 59, 77–78
Fujimori, Terunobu 164–167

G

Gartendesign siehe auch Zen-Garten
genkan-niwa (Vorgarten) 87, 103
Glas, Verwendung von 88–91, 120–125
›Horchen‹ auf Elemente 91
Philosophie 12
Schlichtheit 72–75
Traditionen 8, 12, 14
Trends 12–14
Glechoma hederacea (Gundelrebe) 171
Gotō, Tetsuo 34–39
Gras 91, 96, 168–171
Gunma, Präfektur, Naturgarten 144–147

H

Hainbuche 134
Hakone, Waldgarten 148–149
hanami (Kirschblütenbetrachtung) 68, 143
Hartriegel siehe *Cornus*
Hieizan bei Kyoto, Moderner Trockenlandschafts-garten 18–21
hikari-niwa (Lichtgarten) 140
Hino, Garten mit Kirschbaum 68–71
Hiroshima, Bergeinsamkeit 72–75
Holz, Bahnschwellen 140–143
Hordeum jubatum (Mähnengerste) 168, 171
Hosta (Funkie) 168
Houttuynia cordata 159
Hydrangea macrophylla (Hortensie) 25

I

ichimatsu (Schachbrettmuster) 113
igeta (gekreuzte Ecken) 14–15
Ikebana (Jap. Blumenstecken) 133–134
ikedori (»lebendig einfangen«) 35–39 siehe auch *shakkei*
Ikkyū (Zen-Priester des 15. Jh.) 95–96
Innenhofgarten 13, 26–32, 62
innerstädtische Umgebung, Designprobleme 12, 14
Ipomoea hederacea (Prunkwinde) 163
Ise, Kaiserlicher Schrein 8–9, 127, 134, 159
ishidateso (Steinsetzung) 11
ishigokoro (Bedeutung von Steinen) 11
ishigumi (Steinkomposition) 140
Ishii, Osamu 14
Itoh, Teiji 35
iwakura (Heiliger Stein) 8
Izue, Kan 94–101

Danksagung

Autorin und Fotograf danken den folgenden Personen für ihre Unterstützung bei ihren Recherchen und bei der Zusammenstellung dieses Buches:

Jun Izue, Shin Sato, Yasuko Ohtsuka, Yasunari Sakai, Jun Tamai, Yoshihiko Masuno, Maki Shimada, Atsushi Kondo, Masaki Shizuga, Kyōko Kanatani, Takao Okuda, Shu Hagiwara, Tomoya Murata, Kōji Watanabe, Riko Kitayama, Masamichi Yoshida, Naohito Shirato, Hideko Takemura, Hern u. Frau Kaneko, Takao Okuda, Koichi Yoshida, Takashi und Toyoko Mikuriya, Takayuki und Naoko Houshuyama, Kazuyoshi Asakawa, Yoshihiro Obara. Suiko Nagakura, Amon Miyamoto, Akira Kaho, Herrn u. Frau Mori, Herrn u. Frau Kato, Herrn u. Frau Ogino, Herrn u. Frau Kazaoka, Koichiro Nakatani, Herrn u. Frau Tobita, Frau Sato, Herrn u. Frau Kinjo, Herrn u. Frau Nojima, Herrn u. Frau Tanaka, Tomoko Illya Shimizu (Kanadische Botschaft), Shinji Nishizawa, Hisashi Asami